정세현 지음

은퇴 후 인생, 지금 바로 준비하라

아내가 사랑하는 달빛이 의지와 도전의 성취를 비추다

나이는 숫자에 불과할 뿐, 열정은 계속된다! 세상을 변화시키는 도전

수많은 자격증과 학위로 한국기술융합연구원, 에이아이협동조합을 설립한 저자가 전하는 이야기!

경영·공학·이학
박사 등
13개
학위 취득

국보문학
시인 등단,
샘문
수필작가 등단

키즈펜션 등
노후 대비
창업

아내는
달빛을 사랑한다.
밤마다 유구읍 동해리 숲속에
찾아드는 달빛을 사랑하는 마음
캄캄한 절망의 어둠을 밝히며
그리고 우리의 살아온
유별난 의지와 성취의 맛을
아픈 아내의 그 달빛이
푸른 밤하늘의 호수에 해맑게
우려내 주기 때문이기도 하다.
부족했던 사랑과 미안함의
절규를 담은 이 책을
아내에게 바친다.

정세현 지음

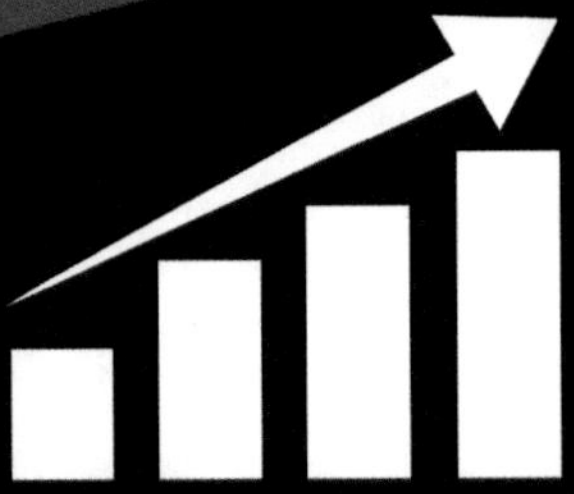

은퇴 후 인생, 지금 바로 준비하라

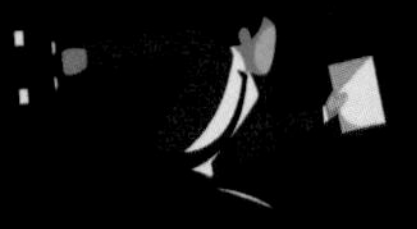

아내가 사랑하는 달빛이 의지와 도전의 성취를 비추다

차
례

정 세 현

선친(鄭圭昌 : 베드로)은 경북칠곡군에서 자랐고, 선모(趙順德 : 비로시다)께서는 경북왜관에서 자라셨다. 두 분께서는 노모님을 포함한 12명의 대식구를 함께한 가장으로서 농사와 장사를 겸하셨다. 나는 9남매 중, 4째 차남으로 1954년1월8일 대구시중구서성로2가12번지에 태어난 정세현(鄭世鉉 : 바오로) 작가입니다. 주로 대구에서 성장하였고, 선친을 도와 농사와 장사에 임하기도 하였다. 할머니(辛孝元 : 마리아)로부터 사랑과 예절 그리고 기독교 정신을 전수 받았다. 1996년6월9일 명동성당에서 장덕필 주임신부로부터 아내(이경애 : 세실리아)와 함께 세례명을 받고, 동시에 혼인성사까지 치러졌었다. 그해에 견진성사까지 정진석 추기경으로부터 받았다. 늦은 환갑(還甲) 나이에 시인으로 등재되고, 고희(古稀)에 수필작가로 등재 하였다.

경력

진량 및 경상공업 고등학교 수학교사 역임.
중국 연변과학기술대학교 겸임교수
한국공학대학교 경영학부 교수 역임.
경남테크노파크 기계산업사업단 시스템개발실 실장(임원)
현대·기아·포스코건설·오리온 등 경영혁신 및 정보화책임자 역임
한국산업기술평가원 및 정보통신산업진흥원 등 전문위원
그린에너지 및 스마트그리드 기술개발 지원사업 평가위원
국립재활원 재활로봇사업부 전문심사위원
한국방송통신전파 전문심사위원
산업통산자원부 IT정보화 사업과제 심사위원
한식세계화 용역연구사업 심사위원
박사논문심사위원(창원대·한국공학대학교·한국기술교육대학교)
스마트공장 ERP 및 공장자동화 코디네이터·현장평가위원
자영업·중소기업 경영·기술 전문컨설턴트(Triz, TOC, BigData, 응용통계, 마케팅 등)

현재, 한국기술융합연구원 원장
현재, 에이아이협동조합 이사장(대표이사)
현재, 도담도담한옥키즈펜션 대표
현재, 한국자치행정연구원 원장

학력

7개 학사학위(수학·특수교육·기계제어공학·전기전자공학·상담
심리학·건축도시공학·컴퓨터공학)
3개 석사학위(경영학·산업정보·건설기계공학)
3개 박사학위(경영학·공학·이학)

자격

교원자격증(수학), 공인기술지도사(정보기술관리), 직업능력
개발훈련교사(2급:정보기술운영 외8종), 공인보조공학사, 공
인요양보호사1급, 동력수상레저기구조종면허증(보트·요트),
전기공사기술자, 소방기술인정자격, 소방공사감리원, 건설기
술인자격증, 인공지능CAIO, 인공지능 산업컨설턴트, 인공지
능 창업지도사, 정보통신감리원, 공인평생교육사, 화물운송자
격, 택시기사자격, ISO45001· ISO9001·ISO14001심사원, 상
담심리지도사1급, 분노장애심리상담1급, Triz전문컨설턴트,
TOC전문컨설턴트, 공인태권도4단, 가라대(공수도)3단

수상 및 시상

국보문학 시인 등재 2017.

샘문 신춘문예 수필작가 등단 2023.

우수사례논문 한국IT서비스학회 2002.

우수논문상 한국산학기술학회 2014.

국책사업 성균관대학총장 공로상 1997.

포스코건설 사내모범표창 1984.

시장표창 의왕시장 2011.

글로벌 자랑스런 한국인·세계인 대상 국제언론인클럽 2016.

대표저서

웹정보시스템 총론 2002.

상생IT혁신기반으로 한 성공적 eSCM구축운영 2010.

융합 유통정보화 전략을 위한 Global eSCM의 이해 2016. 등 다수

대표논문

확장기술수용모형(ETAM)을 이용한 디지털 매뉴팩처링의 성공적 도입에 영향을 주는 요인분석, 산업공학, 2006.

ASP기반으로 한 기계산업체간의 성공적 전자상거래 구축을 위한 전략연구, 한국IT서비스학회, 2002. 우수논문시상

구조방정식 모형을 이용한 건설기계 산업분야의 전문인력 양성을 위한 연구, 대한설비관리학회, 2019.

장애인 직무적응에 대한 재활보조공학 이용 효과 연구, 한국재활복지공학회, 2013. 등 다수

학위논문

경영학석사 : Queueing Model의 최적화에 관한 고찰

공학석사: MRP-II 방식을 이용한 COMPUTER 시스템 운영의 최적화 방안

공학석사: 構造方程式 模型 利用한 建設機械 産業分野의 職業訓鍊이 技術人의 熟練 向上에 미치는 效果

경영학박사 : 웹 사이트 再訪問 의도에 影響을 미치는 要因에 관한 研究

공학박사: 기술수용모형을 이용한 PLM(eSCM 및 디지털 매뉴팩처링)의 성공적 도입을 위한 영향요인 분석

이학박사: 보조공학기구 사용이 근로장애인의 고용성과에 미치는 영향

나의 인생목표를 위한 Master Plan

시니어 삶의 행복 추구

어울러 사는 사회 발전 참여

산업체 및 기관 자문활동

인근지역 봉사단체활동

예비은퇴자 교육 및 자문

정부 및 지자체 연구참여

지역사회 봉사 및 참여

변화사회 맞춤형 **4대 전략사업** 기술 Trend 수용 Study 첨단기술연계

혁신관리 강화

연구소 및 기관 경력
· 한국산업연구소 본부장 · 한국자치행정연구원 원장
· 한국기술융합연구원 대표
· 경남테크노파크 실장(임원)
· 에이아이협동조합 이사장(대표이사)
· 산림조합원 및 임업후계인(경영체등록)

산업체 경력
· 현대미포조선소 및 포스코건설 과장
· ㈜오리온 실장(차장)
· 기아정보시스템 SI사업본부 팀장
· 우성해운 고문
소방시설감리 및 통신감리

본인의 경험 및 학식

대학 경력
· 한국공학대학교 전임교수
· 한성디지털대학교 경영학부 전임교수(학생처장)
· 동서울대학교 전산학과 겸임교수
· 창원대학교 무역학과 겸임교수
· 서울시립대학교·서울과학기술대학교 외래교수

학력 및 자격증
· 경영학박사(경영정보), 공학박사(산업공학)
· 이학박사(재활공학), 학위 13개 취득
· 공인기술지도사, AI산업컨설턴트 및 창업지도사
· 교원자격증, 평생교육사, 직업능력개발교사
· 기술자자격(기계, 전기, 소방, 통신 등) 다수

나의 인생목표를 위한 Master Plan은 앞 페이지 그림과 같다. 자세히 살펴보면, 궁극적인 목적은 시니어 삶의 행복 축구이다. 100세 시대인 만큼 장기간에 거쳐 계획을 세워야만 시니어에 이르기까지 만족하고, 시니어 후반기까지 삶의 행복을 지속적으로 누릴 수 있다. 대부분의 사람들은 50대 후반이나 60대 초반에 은퇴를 하게 된다. 100세까지 산다고 보면, 40~50년을 노후생활로 보내어야 한다. 은퇴 후로 자녀들도 독립시켰고, 노후 사회생활 하는데 행복을 누릴 수 있는 기회이기도 하다. 그 동안 직장생활이나 사업가로 열심히 일한 대가를 받아야 한다. 그런데 방향성을 잘못 설정으로 인해, 노인 빈곤이나 사회활동 참여에 제약이 뒤따른다면 그동안 노력에 절망감을 갖게 되어 최악의 비참한 처지를 맞게 된다. 그래서 작가로서, 그러한 처지를 사전에 예방하기 위해서라도 노후를 대비한 본인에 맞게 Master Plan를 지금이라도 계획을 세워보라는 것이다.

나의 Master Plan의 "변화사회 맞춤형" 부분에는 현재로서, 아내와 함께 공주동해리 산골마을에서 자연과 더불어 사회활동을 하고 있다. 차후에 변화되는 사회가 어떻게 변모해 지는가에 대해서 대응하여야 하기 때문에 늘 주시하고 사회분위기에 동반할 수 있게 연구와 노력을 아끼지 않을 것이다.

이 책이 펼치는 추천사

영문학 박사/시인 이부용

"은퇴 후 인생, 지금 바로 준비하라" 저서는
앵무새 같은 지저귐이 아니다.
그가 걸어온 그리고 현재 걸어가고 있는
불굴의 의지와 도전의 발자취 자체가
우리들이 수이 젖는 절망과 패배감의
나약한 가슴을 뭉클하게 짓누르며
밀려오는 불확실한 미래의 문턱에서
어둠을 벗겨내는 아침 햇살처럼
다시 긍정의 눈을 뜨게 해주고 있다.
스스로의 행복감으로 흐르는 개울
어릴 때 그 징검다리를 건너면서
영혼으로 되새기곤 했던 맑은 물소리
이 책에서 다시 들리고 있다.

무역학박사/국제무역학회 회장/대구대학교 명예교수 도충구

이것이 인생이다.
"한평생 Again Begin 진행형 정세현 인생론"
한마디로 인간 정세현!
한마디로 마침표가 없다.
한평생 진행형이다.
변함없이 창조의 아침이다.
인생의 깊이와 넓이 높이와 길이
측정할 수 없는 깊은 세계에서
신비한 자유 누리며 살고 있다.
아버지로서 정세현, 남편으로서 정세현은
하늘사랑 생명보자기다.
학자로서 정세현!
인문과학 사회과학 그리고 자연과학까지
경계도 방벽도 없다.
13개의 학위가 이를 증명하고 있다.
삶은 진실과 사랑이지만
일을 호기심 천국 즐기는 자유 때문에
세상을 놀라게 한다.
70 고희의 나이에도 청춘행진곡
해 뜨면 망치요 해지면 펜으로서
25시 풀무원이다.
정세현 교수!

25,550날 쉼표가 없다.
돌아본 세월,
단 한글자도 한 줄도 과장과 왜곡이 없다.
정직한 고백이다.
내 몫의 십자가 가시관이지만 부활의 아침
영광의 면류관 선물이다.

행정학박사/사회문화평론가 이혜숙

  은퇴 후 제2의 인생 설계는 이 시대에 가장 핫한 이슈다. 은퇴 전 사회적 지위 고하를 막론하고 누구에게나 닥친 현실이기 때문이다. 그 차원으로 볼 때, 이 책의 작가는 시대의 변화를 예견이나 한 듯 자신의 인생을 척척 구사해 간다. 오늘날 패러다임은 한 분야의 전문성에 주목하던 과거와 달리 전 분야를 융합하여 창의적 시각을 요구하는데, 이 또한 경영·이학·공학 분야에서 3개의 박사학위를 넘어 상담심리학에까지 도달한다. 그리곤 인생 2막을 완벽하게 준비하고 있다. 평소 남달리 끊임없는 도전과 열정 그리고 노력의 결과일 것이다. 그러나 유구읍 동해리 한옥 펜션 창업을 위해 손수 건축한 일은 예측을 불허한다. 그간 공부하고 연구해온 다양한 분야를 융합한 산물일 것이다. 이 책은 이러한 준비과정과 방법이 자세히 묘사되어 있어 제2의 인생 설계에 관심 있거나 준비하는 독자들에게 귀감이 될 것이다.

경영학박사/대원대학교 명예교수/에이아이협동 부사장 이건모

누구에게나 다가오는 은퇴와 향후 노령화 대비를 위해 고심하고 있다. 저자가 그동안 살아오면서 겪은 사연들을 근거로 다양한 경험에 대한 내용을 정리한 것이라 나로서 공감이 가고 도움이 되는 유익한 내용들이다. 절박한 심정으로 어려운 환경 속에서도 13개의 학위를 취득하고, 더불어 사회의 전반에 걸쳐 두루 다양하게 경험한 것으로 볼 때, 보통사람으로선 도저히 생각할 수 없는 것들이다. 70세의 나이에도 30~40대 젊음이들 못지않게 사회활동을 하니, 부럽기도 하다. 병환으로 고통 받는 아내를 캐어하면서까지 좌절하지 않고 묵묵히 헤쳐나가는 인내와 지구력은 범인으로서 납득할 수 없는 것들이라 여겨진다. 그 와중에서도 시와 수필 등 문학에 심혈을 기울이고, 산골 외딴지에서도 창업을 하여 매주 펜션 고객을 맞이하고, 왕복 100km 떨어진 곳의 건설현장에 매일 출퇴근하면서 수익을 벌어드리고 있다. 또한 정부과제와 스마트공장 자동화 도입운영에 자문도 한다고 하니 몸이 도대체 몇 개나 되는 것인가? 지역사회 봉사활동을 위해 주민자치회 부회장직을 맡아 수행도 하고 지역주민들과 교감을 위해 풍물동우회(신상동우풍물패)에 가입하여 소외된 주민들에게 재미와 흥을 북돋아 주는 활동도 한다고 하니, 나로선 참으로 느끼는 바가 많다. 책의 전반적인 내용을 보면 그야말로 '아내가 사랑하는 달빛이 의지와 도전의 성취를 비추다'인 것이다. 현 사회에서 누구에게나 필연적인 방향을 제시해 주는 '은퇴 후 인생, 지금 바로

준비하라' 책 출간이라고 자신 있게 권하고 싶다. 그리고 책 출간하는 노고에 깊은 감사를 드립니다.

작품 줄거리 (SYNOPSIS)

자연이 베푸는 은혜는 무한한 것이며 우리 인간에게 순수하고 거짓 없는 삶을 늘 가르치고 있다. 나는 정년퇴직 후, 자연속에서 생활하면서, 시니어로서 제2의 인생 설계를 계획하고, 그에 따른 사회활동과 자연인(自然人) 다운 생활도 겸해서 지내는 현실을 적나라하게 파헤쳐 본다. 사람은 미래를 위해, 누구나 본인의 의지와 행동에 따라 생활 패턴(pattern)이 달라질 수 있는 것이다. 물론 그동안 젊을 때부터 준비한 내용이 얼마만큼 했는지에 따라 좌우된다고 본다. 우리가 시니어로서 인생의 제2막에 어떤 그림을 그릴 것인지 일찍부터 고심하게 되면, 퇴직 후에도 젊은이 못지않게 활발하게 사회 활동할 수 있을 뿐만 아니라, 생활의 만족감을 가질 수 있다. 본인은 출간된 저서 내용을 통해 어떤 준비를 하였고, 어떠한 사회활동을 하고 있는지를 알 수 있을 것이다.

한편, 1996년도 기아그룹에 입사한지 1년 후, 회사부도로 인하여 1998년 초에 강제 퇴사를 당했다. 이는 IMF 사퇴로 인해 국내 경제사정이 좋지 않아, 당시 기아그룹은 국내 6번째 규모의 기업으로 재정이 안전한 기업이라고도 했다. 그런데 입사 1년쯤 지나 기업경영 최악의 위기상태가 되었다. 나는 이때의 위기를 기회로 여기고, 새로운 학문 분야로 눈을 돌렸다. 그로부터 24년간 공부와 직장을 겸해서 절박한 심정으로 지내왔다. 그로 인하여 학사학위 7개, 석사학위 3개, 박사학위 3개를 취득한 것이다. 물론 전공과 관련하여 국가자격도 여러 개나 취득한 것이다. 자격증과 학위를 이용해서 한국기술융합연구원과 에이아이협동조합을 설립하여 산속에서 운영하고 있다. 그리고 주말에는 도담도담한옥키즈펜션을 운영하여 수익을 올리고 있다. 노년 시니어도 얼마든지 창업하여 사회활동을 하는 것을 보여주게 된 것이다. 그리고 지금도 70세 나이로 미래의 희망을 위해, 끝임 없는 도전을 시도하고 준비하는데 노력을 게을리 하지 않고 있다.

연락처 : 정세현 (HP : 010-3342-5157
, e-mail : cybermadang@nate.com)
독거노인 복지후원금 입금통장 : 농협 832-12-033360
제2의 시니어 창업설계를 위한 자문 및 전문특강 제공

1

키즈펜션 창업 후
자연에서 사는 삶

키즈펜션 창업 후 자연에서 사는 삶

시골의 자연환경은 생물과 무생물이
조화롭게 아우르는 곳이고요
천연 자원이나 공기의 순화, 물의 순환,
깨끗한 기후로 사람의 건강을 지켜줍니다.

신선한 공기와 야외 운동으로 인해
더 건강해 지는 곳이고요
사람이 적고 표면에 먼지가 덜 쌓여
훨씬 깨끗한 환경이랍니다.

시인들이 수세기 동안 묘사한
자연의 아름다움을 많이 제공하기도 하고요
도시 지역에 비해 더 푸른 야생초와
나무가 무성하답니다.

인간의 간섭을 덜 받고
자연 스스로의 친환경적이라
삶의 보람을 느끼고요
인간의 손길이 덜 닿은 자연환경이라
산과 대지 경관이 매우 아름답습니다.

당신도 용기 내어
자연과 더불어 삶의 보람을
마음껏 즐겨 보시지 않겠어요?

엄동설한(嚴冬雪寒) 자란 나무
촘촘한 나이테 단단하게 자라고
경사지 자란 호박
굴러 떨어지지 않는 강인함을 보인다.

역경 극복은
삶의 귀중함을 터득되고
새로운 역경대응 자신감을 갖게 된다.

역경은
시련이 단련되고
소중한 자립을 경험하는 소산이며
삶과 함께 공생하는 사회이다.

동해리 한옥 별장 보금자리를 새로이 조성하다

물 좋고 공기 좋은 곳을 찾기 위해 전국방방곡곡을 찾아다니면서 노후에 정착할 수 있는 보금자리를 마련하고자 수년간 주말이면 여행하듯 다니곤 했었다. 1992년도 만38세에 (주)오리온홀딩스 근무할 당시 공주동해리에 있는 토지(대지 100평을 포함한 540평)을 2,800만원(소개비 100만원 별도)을 주고 구입하였다. 2010년도 대학교 교수퇴임을 7년을 앞두고, 150평(대지 100평 포함)을 둘째 처형으로부터 6,000만원을 받고 팔아 한옥 집을 짓는데 보태었다. 집을 짓기 전에 시골에 어떤 형태의 집을 지을 것인지 고민을 많이 하였다. 한때 전북 진안군지역 스트로베일 재료로 친환경적인 목조주택을 짓는 교육과정에 관심을 갖고 현장실습을 1개월간 교육 참여도 해보았다. 설계와 기초공사부터 시작해서 완성에 이르기까지 실전교육이었다. 교육장에서 때마침 반가운 기아정보시스템 근무할 당시 부하직원을 만나 함께 현장에서 땀 흘리면서 실습한 생각이 난다. 그 후로 아내와 함께 여러 곳을 다니며 철골구조, 목재구조, 콘크리트 구조, 기성주택 등을 살피면서 우리가 원하는 집을 짓는데 건축업자들로부터 상담을 받아가면서 어떻게 집을 질 것인지 많은 고심도 했다. 유구동해리의 시골 환경과 수십 년을 지나도 유행을 타지 않는 집은 한옥 밖에 없는 것 같았다. 그래서 한옥을 짓기로 아내와 함께 결정을 한 것이다. 연종리에 거주하는 지인으로부터 한옥을 짓는 전문가 최 목수를 소개 받기 위해 직접 아산시까지 찾아가서, 최 목수가 지은 집을 견학하였고, 집 짓는데 인건비(일당, 대목수 27만원, 일반목수 15만원, 보조 12만원)를 협상한 후, 이웃 연종리 마을 사람 2명(1인당 10만원)을 더 포함시키므로 인력확보가 된 셈이다.

한옥 설계구성을 대목수인 최 목수와 함께 간략한 설계구조도를 그리면서 상의하였다. 젊은 시절에 포스코건설 과장으로 근무할 적에 건축설계 내용과 시공을 많이 접한 것이 한옥설계 구조도 구성하는데 도움 되었다. 한옥을 처음 지어보는 처지라 한옥에 대한 전문서적도 구입해서 공부도 하고, 다니면서 한옥에 대한 구조와 조성에 대하여 나름대로 실물견학과 더불어 연구도 하기도한 것이다. 그야말로 집을 짓기 위한 준비계획을 위해서 기존 한옥 집들을 찾아보면서, 최 목수 소개로 설계사무소(아산시 소재 미소건축사무소) 소장에게 원하는 사항들을 제시하였고 또한 반영된 설계도가 완성하게 된 것이다. 그 다음으로는 공주시청에 방문하여 토지용도변경과 건축허가를 받기 위해 필요한 서류를 제출하였다. 2주 후에 토목측량기사가 왕래하여 측량을 통해 답166평을 대지로 변경하고, 해당되는 토지에 굴삭기로 땅을 파고, 기초공사를 위해 흙막이 공사와 레미콘 3대량의 콘크리트로 1.5m 높이로 옹벽과 더불어 두터운 기초공사를 한 것이다. 기초공사 바닥위에다가 크레인을 이용해서 홍송(red fine)나무를 기둥으로 세우고, 목재와 조석을 이용해서 2층 한옥 건물을 지은 것이다. 2012년6월

9일 대들보 서까래를 올렸다. 주변 마을 사람들을 모아 전통적인 대들보 상량식을 거행한 것이다. 이날이 우리부부의 결혼기념일인 것이다. 집을 짓는데 필요한 잔일은 마을 주민들을 인부로 고용하기도 하였다. 집을 짓는데 필요한 목재와 각종 자재를 직접 구입해서 제공하였고, 특히 홍송(red fine : 캐나다 수입품)을 제재소 사장으로부터 경매 소개로 시세 절반 값으로 집 한 채 짓는 물량을 구입하기도 한 것이다. 집을 짓는데 모두 업자에게 일괄턴키(떠맡기식) 방식으로 하는 것에 비해, 직접 관리하는 방식으로 채택하였다. 인부를 직접 고용해서 함께 건축 작업을 한 경우가 훨씬 비용을 절감(50% 정도)할 수 있었다. 품질 좋은 자재 구입과 비교견적으로 구입가격을 절감 시킬 수 있었고 건축공사 품질에 대하여도 보장할 수 있었다.

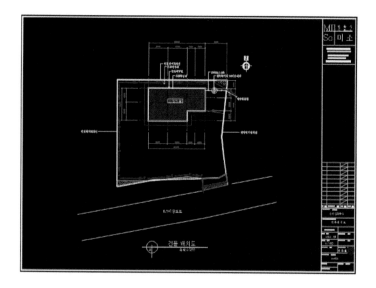

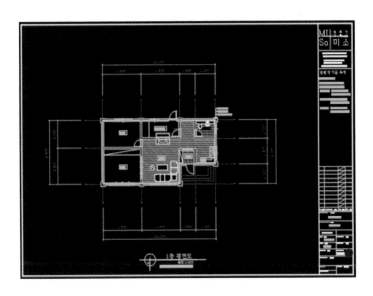

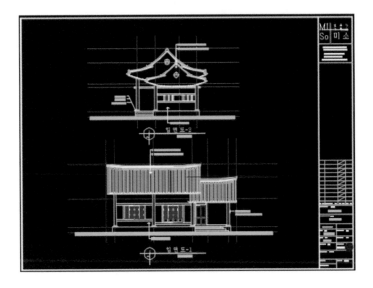

2012년12월에 건축완공 허가를 받았다. 약 2년이나 집을 짓는데 기간을 소요한 것이다. 대학교에 근무하면서 시간을 내어 직접 지휘감독하면서 집을 짓다보니 기간이 길어진 것이다. 더군다나 집 짓는 중간 여름방학 기간에 중국 연변과기대학교 봉사활동을 위해 출장으로 지연되기도 했지만, 주 지연된 원인은 내가 뜻한 대로 집 형성이 되지 않아 잠시 중단한 것이다. 지금까지 집을 짓는데 문제점과 앞으로 유지보수를 위해 심사숙고 하면서 재정리를 한 다음에 남은 공사 일들을 마무리한 것이다. 집을 짓는데 내 마음 속에 부처님을 모실 정도로 마음을 다스리지 않으면, 한옥 집 완성은 어렵다는 것을 처음으로 경험한 것이다. 경험도 없는 상태에서 멋모르고 시작한 것이 이렇게 힘 드는 줄 몰랐던 것이다. 집만 지으면 끝이 아니었다. 집 짓는 것 보다는 집 내부 마감작업과 마당작업 그리고 정원 가꾸기, 계곡에 흐르는 물이 장마 시 안전을 위한 정비작업, 정화조 공사, 지하수 공사, 소각장 탑 쌓기 공사, 휀스 울타리 공사, 대문공사 등들이 더 많은 일로 산적했다.

  정원을 가꾸기 위해 다양한 과일수와 관상수를 심고 다듬기도 했지만, 이렇게 반복된 일들이 이리도 많을 줄은 예상하지도 않았다. 일하고 나면 허리가 쑤시고 손과 팔 다리 아프지 않는 곳이 없을 정도로 힘들었다. 수도 가와 장미터널 그리고 별채 차광망 등에 조경으로 줄기나무 종류인 으름나무, 머루나무, 달래나무, 능소화 등을 식재하고, 마당 중앙에 느티나무 두 그루, 울타리나무용으로 측백나무 500그루, 조경용으로 반송나무, 주목나무 등을 많은 비용을 들어 식재 하였다. 거주 주인과 궁합에 맞지 않는 나무들을 골라서 제거작업도 했었다. 울타리용으로 측백나무을 제거하고 대신 사철나무를 식재하였다. 그 많은 나무들을 뽑아 버려야 하는 아까움을 몸소 체험도 했다. 마당도 중장비(굴삭기)를 동원하여 몇 번이고 재정리 작업으로 고쳐다 보니 노동력과 비용은 적지 않게 발생되기도 했었다. 10년 동안 시행착오를 거듭하다 보니 유지보수비용 절감이나, 주인의 건강유지와 사업번창에 악 영향을 끼치는 요인들을 제거하는데 지인들의 조훈을 통해서 조정이 되어, 결국 우리에 맞는 맞춤형 정원주택으로 탄생하게 되었다.

10년에 걸쳐 주말이면 아내와 함께 정원 가꾸기를 하다 보니 내 몸은 탄탄한 근육으로 다져지고 건강은 많이 좋아졌다. 어느 날 새벽6시에 일어나서 현관문을 열고 밖을 내다보니 날이 흐리고 서늘해서 일하기 좋은 날씨 이었다. 호미와 삽, 그리고 곡괭이를 들고 나와 정원이나 텃밭에 너무 많이 자라난 풀들을 제거하는 작업을 하였다. 저녁 7시 늦게까지 밥도 거르고 일에만 몰두하다 보니, 시간이 금방 지나가버린 것이다. 배속에서는 요동소리가 진동하였고, 손마디가 펴지지 않을 정도로 통증을 느낀 것이다. 한때는 하천에 풀들이 자란 것을 제거하다가 하천 뚝 위에서 떨어져 머리를 다쳐 기절한 적도 있었다. 장화 속에 말벌이 들어간 줄도 모르고 신다가 벌에 쏘여 정신을 잃은 적도 있었다. 안전모를 쓰지 않고 일반 모자를 쓴 채로 작업하다가 굴삭기 바가지가 머리에 부딪쳐 머리를 다치기도 했다. 수로에 덮게 설치를 위해 망치로 잘못 두들겨 엄지손톱을 내려찍어 손톱이 빠지는 사고도 있었다. 그런 다양한 일들을 경험하다 보니 힘에 부칠 때도 있었지만, 이 모든 것들을 인내와 끈기로 견디어낸 것이다.

그 결과로 정원에는 영산홍, 벚나무, 홍도화, 단풍나무, 매화, 배롱나무, 병꽃나무, 해당화(동양, 서양), 꽃 사과나무 등과 밤나무, 대추나무, 호두나무, 배나무, 체리나무, 사과나무, 봉숭아나무 등의 과실수들이 어울리게 봄이면 화려함을 자아내기도 하고, 가을이면 과실수 열매로 수확하는 재미를 얻게 되었다. 주말마다 우리부부는 약속이라도 하듯이 동해리 별장을 찾아

자연의 풍경과 한옥의 아름다움을 맛볼 수 있었다. 봄은 온 천지가 연두색을 띠는 새싹들이 돋아나와 삶의 생기를 느끼게 해 준다. 여름에는 실록으로 생생한 자연풍경이 마음을 신선하게 해줄 뿐만 아니라, 비 오는 날에는 기왓장 추마 끝에서 떨어지는 빗물방울이 낙숫물이 되어 강자갈 위에 떨어져 아름다운 멜로디로 마음을 깨끗하게 정화시켜 주기도 한다. 가을이 되면 붉은 단풍과 노랗게 물든 은행나무 잎이 평화롭게 마음을 물들게 하고, 겨울은 기왓장 추마 끝에 고드름이 주렁주렁 매달리고, 정원에 무성한 나무들과 잔디밭에는 하얀 눈송이가 피어오르는 정다운 풍경이 청순한 마음으로 동화시켜 준다.

이러한 동해리의 별장에서 누리는 가치를 어떠한 것과도 비교할 수 없는 행복한 우리부부만의 보금자리가 완성된 셈이다. 동해리별장에서 그동안 어느 곳에도 빠짐없이 손때가 묻지 않는 곳은 없었다. 생각하면 눈물이 날 지경이다. 동해리 별장 거실에 앉아 창밖을 내다보면 그동안 고생했던 일들이 말끔하게 씻어져 평화롭고 알락한 분위기 속에 적어져 천국에 온 것만 같다. 아마도 하느님께서 마지막 우리부부에게 자연의 아름다움을 느끼게 선사해 주신 것이다. 하느님 감사드립니다! 그리고 우리부부는 행복합니다.

그런데 생활하는 데 있어서, 나만이 만족을 갖는다고 해서 행복한 것만 아니었다. 이웃 마을 사람들과도 잘 지내야 했다. 동해리 마을보다는 인접한 연종리 마을 사람들과 자주 부닥치게 된다. 도시 생활의 문화와 농촌 생활의 문화가 서로 달랐다. 동해사 절에서는 개들을 풀어놓고 키우고 있었다. 개들은 수시로 우리 마당에 와서 배설물을 누기도 하고, 다리 건너 연종리 띠안마을 주민 최씨 내는 우리 집 바로 곁에다가 소똥 거름을 쌓아 놓아 밭 거름을 만드는데 냄새가 고약하게 나게 하고, 그로 인해 파리·모기 때가 우글거리기도 한다. 동해사 절에서는 자기 내 토지도 아닌데 마음대로 길을 널리고선, 자기 내 토지라고 우기는 것이다. 개들 싸움과 우리 마당까지 침범을 막기 위해 휀스를 토지경계에 설치하여 피해를 없게 하는데도 절주지 스님과 신도들이 쳐들어와서는 막무가내 토지경계 휀스를 치지 말라고 방해하기도 했었다. 처음에는 좋은 말로 얘기도 했으나, 대화 상대로선 힘든 사람들이었다. 어쩔 수가 없어서 시청이나 읍사무소에 신고하여 개선 조치를 하게 한 것이다. 인근 이웃과 친하게 지내는 방법을 알고 싶어졌다. 농촌 사람들의 심리와 문화를 알기 위해서, 공주시청 주관하는 귀농귀촌 적용과정 교육을 신청하여 해결방법을 알게 된 것이다. 그 후로는 마찰 없이 잘 지내고 있다.

한국 10대 명승지 유구읍 동해리 별장으로

안양 동안구 운곡로 113번길 25, 삼호하이츠 401호에서 2년 넘게 살다가 재개발로 2020년5월25일날 이주하게 되었다. 안양의 집은 2억8천만원 주고 구입하여 동탄에서 이사해서 아내의 영어학원(무무잉글리쉬무무)까지 도보로 5분 정도 거리만큼 떨어진 곳이라 그곳에서도 편하게 지냈었다. 나이 칠십에 들어선 몸으로 올 2월20일 국립군산대학교 건설기계공학과 석사과정을 마치고 다시 인하대학교 박사과정을 국비장학생으로 입학하여 다니기도 하였다. 기업재직자로서 장학생 취소 소식을 듣고 곧장 5월에 자퇴하였다. 대학원에서 계속 다닐 것을 몇 번이고 담당교수는 연락이 왔다. 아쉽게도 공주에서 다니기에는 무리였다.

아내는 시골에서 잘도 적응하려고 하고, 어느 정도 만족하고 있는 것 같다. 6.25 사변 당시 토속 주민들은 전쟁이 일어 난 줄 모르고 지냈다는 유구읍 연종리와 동해리 이곳 주변은 한국 10대 명승지로 지정되어 있는 무공해 지역이다. 다만 도시의 시내처럼 외식이나 쇼핑을 마음대로 할 수 없는 것이 따분한 것 같다. 작은딸도 3차례 다녀갔고 전원주택이 마음에 드는 것 같다. 동해리 별장을 유달리 좋아하는 작은딸은 인천 국제성모대학병원에서 5개월 정도 다니다가, 거주하는 오피스 15분 도보거리에 있는 연세종합병원으로 옮겨 잘 적응하고 있는 것 같다. 그동안 여수에서 4년간 공부하며 자치생활로 고생한 것이다. 24살 나이로 이젠 숙녀가 되었다.

나 역시 시골에서 심사활동이나 컨설턴트 수행하기에는 교통이 힘들기는 하지만, 그래도 공기 좋고 코로나19로 안전한 지역이라 마음에 든다. 6개월간 정착해보니 별로 불편한 것을 못 느끼는 것 같다. 나로서는 지금 사는 공주시 유구읍의 변두리 산속의 이곳은 유달리 달빛이 사랑하며, 여름의 시원한 바람이 친구 집처럼 드나드는 집이다. 공주시청 과제수행도 제안에서 채택이 되었고, 전통주 계룡백일주 회사를 소상공인시장진흥원 공주센터장 소개로 컨설팅을 수행하기도 했다. 가까운 대전시에 있는 중소기업기술정보통신진흥원에서 다섯 차례나 심사를 보고, 산업인력개발원 정보처리 시험감독을 세 차례나 수행하였다. 이사 온 후로, 4개월 동안 수백 그루의 나무들(측백나무 500그릇, 느티나무 2그릇, 주목 30그릇, 반송나무 30그릇 등)을 베어버리고, 땔감 참나무 1톤 물량을 엔진 톱으로 절단작업과 화장실 수리, 페인트칠 작업, 베란다 샷시 작업과 벽돌작업 그리고 마루공사 등 여러 가지 공사비만 1,300만원 정도 비용이 들었다. 그 많은 나무를 엔진 톱으로 절단하다 보니, 오른쪽 손바닥과 팔에 무리를 과하게 되어 통증이 심해졌다. 유구읍내 의원과 한의원을 여러 번 다녔지만, 통증은 지속

되었다. 그래서 전에 살던 안양평촌 우리병원에 가서 통증주사를 맞고선 많이 좋았진 것이다. 손바닥에 통증주사 맞는데 눈물이 날 정도로 고통이 심했다. 그런데 나는 몸으로 노동하여 힘들었지만 체력은 매우 건강해졌다. 젊은 30·40대처럼 온몸에 근육질이 생긴 것이다. 이곳 시골에서 노동이 주는 보은의 결과이다.

형님은 8월에 뇌아수체에 혹이 있어서 혹 제거를 위해, 수술을 대구 경대병원에서 약 2주간 입원하였고, 수술 후 다음날에 병원 방문을 하여 20만원 적은 돈을 성의 표시하였고, 속히 건강하기 바랬다. 다행이 현재는 건강한 모습으로 활동을 하고 있으며, 이 곳 동해리에 가끔 오셔서, 건강한 자연의 풍취를 만끽하시며 형제간의 우애를 돈독히 해주시는 마음이 고맙기만 하다. 형님을 만나니 거짓 없는 이 자연의 행복감 속에서 어머님 생각이 자꾸 돋아난다.

어머님과 추억의 데이트가 생각나다

지난 9월에 부모님과 조모님 산소에 형님과 함께 다녀오기도 했었다. 산소에 갔을 때마다 생전에 늘 부모님의 고마움을 되새기곤 한다. 내 나이 68세, 선친은 70세 때, 세상을 떠나셨고, 선모께서는 80세에 돌아가셨다. 나훈아의 테스형 노래가사와 같이 무덤 주변에 들꽃들이 피어 반갑게 맞이하고 있지만, 한편으로는 자주 못 온 것을 나무라는 것만 같다. 태수 형에게 천국이 있는지 묻고 싶기도 하고, 선친께서 살아생전에 늘 하시는 그 많은 교훈 말씀이 귀가에 맴도는 것만 같다.

지난 서울 중계동에
거주할 때 있었던 일이다.
아내가 아닌
다른 순박하고 마음이 따뜻한
여자 한분을 만나러 갔다.
몇 번이고 아내의 당부 이였다.

어느 날 아내가 내게 말했다.

"당신은
그분을 사랑하잖아요.
인생은 잠시에요.
당신은 그분과 함께
더 많은 시간을 보내야 해요"

아내의 그 말은
정신을 멍하게 하였다.
그래서 내가 이렇게 말했다.
"여보, 난 당신만을 사랑해"

그러나 나의 말에
아내는 이렇게 말했다.
"알아요.
그렇지만 당신은
그분도 사랑하잖아요."
내 아내가 만나라고 한
다른 여자는
실은 내 어머니이시다.
미망인이 되신지 벌써 수십 년
일과 애들 핑계로 어머니를
자주 찾아뵙지 못했었다.

다음날 밤, 나는
어머니께 전화를 걸어
같이 바닷가 나들이도 하고,
식사도 하자고 제안했다.
그런데 어머니가

의아해 하시면서 물었다.
"무슨 일이라도 생긴 거냐?
혹시 나쁜 일은 아니지?"
알다시피 내 어머니 세대는
저녁에 걸려오는
전화는 대부분 좋지 않는
소식일 거라고 믿는 세대다.

"그냥 엄마하고
단 둘이 바닷가 나들이도 하고,
함께 식사도 하고 싶어서요.
괜찮겠어요?"
잠시 후 어머니가
좋아하는 기분으로 말씀하셨다.
"그래 그렇게 하자꾸나!".

다음 주말, 일이 끝나고
차를 몰고 어머니를 모시러 갔다.
금요일 밤이었고 나는 오랫동안
잊혀진 모정 기분에 휩싸였다.
내 어린 시절 어머니는 내 손잡고
모정의 데이트로 행복의 꽃을

활짝 피우신 추억들이
가슴 두근거리게 한다고나 할까

도착해서 보니 어머니도
다소 들떠 있는 모습이었다.
어머니가 벌써 집 앞에 나와
기다리고 계셨는데
근사한 옛 두루마기를 걸치고,
머리도 아주까리기름을 바른 모양이었다.
두루마기 옷은 아버지가
돌아가시기 전 두 분의
천주교 세례 받을 때
입으셨던 것이다.

어머니의 얼굴이
생전 아버지를 기다리는 소녀같이
환한 미소로 활짝 피어났다.
어머니가 차에 오르시며
"이웃 분들에게 오늘 밤에
아들과 나들이 하러 간다고 했더니
모두들 자기들 일인 양
좋아하지 뭐냐" 하고 말씀하셨다.

어머니와 함께 간 곳은
인천 바닷가 송도유원지에 있는
식당이었다.

식당은
최고로 멋진 곳은 아니었지만
종업원들은 기대 이상으로 친절했다.
어머니가 살며시 내 팔을 끼었는데
귀부인이라도 되신 것 같았다.

자리에 앉자 어머니가
"내 눈이 옛날 같지가 않구나"
하시면서 메뉴를 읽어 달라고 하셨다.
메뉴판을 반쯤 읽다 눈을 들어보니
어머니가 화장 향수에 젖은 미소로
나를 빤히 쳐다보고 계셨다.

네가 어렸을 때는 내가
너한테 메뉴를 읽어 줬는데...
그 말을 듣고 내가 말했다.
오늘은 내가 읽어 드릴게요. 엄마!
그날 밤

우린 특별한 주제도 아니고
그저 일상적인 이야기였지만
즐거운 대화를 나누었다.
어머니와 끊임없이
옛 이야기를 나누다 보니
마침내 대화의 밑천이 바닥이 났다
빙긋이 웃으시며 어머니가 말했다
인천 앞바다에 유람선을 타고 싶구나...

어머니 손을 꼭 잡고
유람선에 탑승 하였다.
음악소리 흥에 취하여
어머니는 날개 손짓을 하듯
춤을 뽐내셨다.
춤에 도취되어
외롭고 고달퍼든 모든 일들
잃어진 것만 같아보였다.

"아들아 다음에 또 오자꾸나."
"너를 보니 너의 아버지가 문득 생각나는 구나"
"네, 그렇게 해요. 어머니!"
어머니 품에 안기니 따뜻한 모정을 느껴

힘들었던 지난날들이
말끔히 씻어지는 것만 같았다.

어머니를
다시 댁에 모셔다 드렸는데
헤어지려니 발이 떨어지지 않았다.
어머니를 안고 볼에 키스하며
내가 어머니를 얼마나
사랑하는지 말씀드렸다.
집에 돌아와서
아내에게 감사하다며 말했다.
멋진 저녁이었어.
그렇게 할 수 있게 말해줘서 고마워
어머니와
좋은 시간이었던가 보지요
아내가 말했다.
정말이지 기대 이상 이었어

그 일이 있고 얼마 후 사랑하는
어머니가 추운겨울날
집을 나서서
길을 잃고 헤매다 구석진 곳에

고이 잠드시면서 심장 마비로 돌아가셨다.
그것은 너무 순식간 이어서
나도 어찌해 볼 도리가 없었다.

조금 시간이 흐른 후에,
어머니와 내가 함께
저녁 데이트 했던 식당 주변을 서성거리며
어머니의 음성 메시지가 들려온다.

"사랑하는 아들아!
너 아버지가 돌아가시고 난후로
가장 행복한 나들이 이었어"

"고맙다 아들아!
그러니 이번엔
너와 네 처가 둘이서
너와 내가 했던 것처럼
함께 즐겼으면 한다."

그 순간 나는 깨달았다
우리가 사랑하는 사람에게
그 사람을 사랑하고

있음을 알게 하는 것이,
그리고 그 사람을 위해 시간을
내는 것이 얼마나 중요한가를....

우리는
우리가 사랑하는 사람들이
얼마나 오랜 동안 우리와
함께 할 것인지 모르고 있다
이 세상을 살아가는데 있어서
(가족)보다 더
중요한 것은 아무 것도 없다

만약, 님의 어머니가
아직 살아 계시다면
어머니에게 감사하고
만약 안계시다면
오늘의 당신을 있게 하신
어머니를 기억하시길 바랍니다
사랑을 담아
'어머님'을 불러보세요
사랑하는 어머님 그립습니다
내용을 읽어 보면

어머니가 더욱 그리워진다

생전 어머니께서는
9남매를 키우시고
가정을 어렵게 꾸려 가신
이 모든 것을 생각하자면
눈물이 난다

어머니 그립습니다
어릴 적 철없이 지내온
젊은 시절조차도 어머님에 대해 무심코
그 긴 시간 흘러 보낸 불효가
한없이 부끄럽고 죄송스럽다

나이 70세에 접어드니
비로소
어머니의 고마운 마음을
이해하게 되었으니
어머니!
용서하여 주옵소서

 나는 다시 이부용 시인의 어머니를 생각하는 절절한 그리움
의 시를 생각하며 두 손 모아 기도한다.

등이 휘인 밤
문을 두드리는
빗소리에
잠에서 깨어나
밤배의 노를 젓는다
눈을 뜬
내 작은 배
어머니 생각이 흐르는
머나먼 강물 위에
아픈 조각 하나로 떠 있다

생전 아버지의 고마움을 그리면서

　생전 선친께서는 강인하시고 묵직한 성품을 지니고 게시는 분이시다. 남에게 비굴하지 않고 부지런하시고 성실한 모습으로 우리 9남매들에게 자상하면서도 냉대하게 대하여 주셨다. 조부님은 학자이시고 부유한 집안에 태어나서 30대 초반에 단명으로 세상을 하직하여, 그로 인하여 선친께서 어린 나이로 일찍이 사회생활을 하게 되어 많은 고생을 하신 것이다. 어려운 생활 속에서도 우리 9남매 자식들을 훌륭하게 성장 시켰다. 아버지는 내 나이쯤에 세상을 떠나셨다. 새삼스럽게 오늘따라 아버지가 그리워져 생전 고마움을 시에 담아 본다.

대구달성동 301번지
인동촌 자갈시장에서
있었던 일이다

갓 두 돌 지난 나에게
사고가 발생하였다.
2층 목조주택을 건립할 무렵
누나와 형들이 2층 난간으로
다니는 곳을 따라 가다가
떨어져서 정신을 잃고 말았다.
때 마침 아래층에 아버지가
작업하다 급히 나를 업고
병원으로 이송하여 치료 받아
간신히 깨어났다

아버지의 긴급조치가
나를 살린 것이다.
지나가는 말 구루마에
매달려 신나게 놀 때
떨어져서 다리를 다쳐
동네의원 찾아가 치료하고
빨리 자립으로 걸을 수 있도록
동기유발 시켜
걸을 수 있게 한
우리 아버지!

술래잡기 놀다가
부엌에 발을 헛디뎌
오른쪽 발 3도 화상 입어
장기간 동안 고생할 때
선인장 갈아 붕대로 감싸게
하신 우리 아버지!

5살이 되는 추운겨울 어느 날
이날은 몹시도 추운 날 이였다.
형님과 방안에서
장난을 치고 노는

우리 형제를 위 몸에 걸친 옷을
벌거벗기고 아래돌이는 속옷 차림으로
길 건너 소꿉장난 친구 옥이네 집 앞에
벌을 서게 하였다
한동안 시간이 지나
옥이네 어머니가 나를
데리고 자기 내 안방으로 데려가
이불로 덮어 서게 하신 것이다
추위를 간신히 모면하였다
형님은 어머니께서 데리고
간 것이다.

모진 벌로 인하여 그 당시에는
원망도 했으나 강인한 사람으로
성장하는데 밑거름이 되게 해주신
우리 아버지!

재수생활 3년 긴 세월 동안이나
참아주시고 공부하라하신
우리 아버지
용돈 제대로 주시지 않고
강하게 근면 성실성을 심어주신

우리 아버지!
9남매 키우시고
4명 남매 동시 사립대학 등록금을
묵묵히 마련해 주신
우리 아버지!
결혼식 날
살림살이 장만해 잘 살아라 하시는
우리 아버지
그리습니다. 아버지!

1985년1월1일 날,
아버지와 함께
막걸리를 마시며
다정하게 미소를 지우면서
부드러운 말씀으로
나를 칭찬해 주신
우리 아버지!
그날이 마지막 함께한
이별의 날일 줄이야!

포항에서 소식 듣고
곧장 대구평리동으로

단숨에 달려갔지만
조등(弔燈)이 대문 앞에
걸려져 있지 않겠는가?
꿈인가 생시인가
보름 전에 아버지와
함께 담소를 나누었는데
이렇게 빨리
저세상으로 가시다니
아버지 손을 잡고
통곡을 하여도
아버지는 반응이 없으시다.
그동안 9남매 키우시는데
고생 많아 손가락 마디마디가 몹시 굵고
험한 손이라 더욱 마음 아프게 한다.

그동안 아버지는
말씀도 없이 고생만 하시고
저세상으로 가셨다.
허리에는 허리띠 대신 넥타이를 둘러매시고
전대를 차고 장사하며 농사 지어시며
9남매를 키우기 위해
피땀 흐르게 애를 쓰셨다.

아버지 고생만 하시고
돌아가셨습니다. 아버지!
자상하지는 않았지만
마음속으로 우리 9남매
잘못 될까봐 노심초사 하시던
우리 아버지
고난과 고생을
누구에도 하소연 하지 못하고
숨 막히게 살아오신
우리 아버지!
보고 싶습니다.
불효자식 아버지 뜻에 따라
70세가 넘어도
배움을 잃지 않았답니다.
아버지! 아버지 사랑합니다.
저세상에서 고운 손이 되소서!

"어머님 아버님, 편히 쉬시고 천국에서 행복하게 지내소서".

가정의 중심이 되신 할머니의 사랑

어버이는 12명의 대식구에 대한 가정경제를 위해 분주하실 때, 생전 할머님께서 대신 9남매들에게 사랑과 예절 그리고 따뜻한 정을 느끼게 해주신 분이시다. 할머님은 평소 단정한 옷차림으로 귀한 양반규수처럼 다정하고 따뜻한 마음으로 우리 9남매들에게 대하셨다. 초등학교 입학식 때 손잡고 함께 식장에 가서 기죽지 않게 용기를 북돋아 주셨고, 기독교 정신을 몸소 실천하시며 마음과 정성으로 나를 가르쳤던 고마운 분이시다. 늘 나에게 자주 일깨워 주셨던 말씀이 인인인백인(忍忍忍百忍) 이라는 교훈을 되새기면 훌륭한 사람이 될 수 있다고 늘 말씀을 하셨다. 철없이 날뛰던 나에게 아주 적합한 교훈의 말씀이었다. 할머님을 그리는 절절한 마음으로 시로 지난 추억을 되새겨 본다.

할머니 보고 싶어요!
어릴 때 아버지 야단을
사전에 덮어주신
고마운 마음
잃어지지 않습니다.

초등학교 시절
입학식 때
손잡고 식장에 함께
기죽지 않게 용기를
북돋아 주셨고

초등 5학력 때
담임선생님으로부터
질책과 벌을 받을 때

때마침 할머니께서
이 광경을 보시고 놀라
"우리손자
왜 야단치는 거요?"
담임선생님은 민망하신지
나를 할머니께 마중하라 하셨다.

할머니 덕분에
잠시나마 할머니와 함께
교실을 벗어나 운동장 의자에 앉아
할머니와 함께 정을 나누었다.
할머니는 점심 도시락을
갖고 나에게 전하시면서
"얼마나 귀한 우리손자를
함부로 질책을 하다니"
하면서 나를 안아 주셨다.

할머니를 따라
경북청송 어느 교회기도원에서
부흥회 행사 목사님의 설교와
신도들의 기도하는 모습들에
동요가 되어 나도 모르게
두 손을 모아 합창을 하였다.

캄캄한 어두운 밤인데도
할머니의 기도모습이
유난히도 얼굴에서 광이 나는
모습과 인자하신 자태를
느끼게 했다.

할머님께선
주님으로부터 예지은혜를
받은 신 것 같았다.
힘들고 고달플 때
할머님에게 다가가
기도로 위로와 예지말씀을
듣곤 했다.

주일이면 할머니 부탁으로
달성동에서 서성로까지
구루마에 할머니를 태우고
대구제일교회까지 모셔드리면서
함께 하느님께
예배를 드렸습니다.
할머님께선
60년간이나 교회생활을 하시고
권사로 90세에 생을 마감하였습니다.

하루도 빠짐없이
수 십 년간이나
새벽 4시가 되면
우리가족
한분씩 호명하며
건강과 축복을 위해
열정을 다해
기도를 드렸습니다.

연달아
친지와 박정희 대통령에
이르기까지
기도를 하느님께
절절한 마음과 애원으로
호소를 다하셨습니다.
기도가 끝나면
새벽6시가 되었습니다.
그 기도 때문에
잠을 설치기도 했답니다.

낮에는 고양이를 옆에 두고
돋보기안경을 끼시고는

성경책을 펴서
읽고 또 읽으면서
우리들이 옆에 다가가면
성경을 읽게 하고
성경구절을 설교해 주십니다.

할머니는 30대 초반에
남편을 잃고
5남매 자녀와 함께한
사연이 힘들게도
살았다고 합니다.
그중 막내 삼촌께서
6.25사변 육군용사로 전사하여
할머니께서 자식 잃은
마음 아픈 사연으로 할머니를
평생 동안 가슴에 묻은
기막힌 사연을 안고
살게 하였습니다.
 나의 어버지는 9살 초등학교
2학년 때 쯤 가정 형편으로
학교를 그만두시고
사회 전선에 몸을 맡기게 하고선

할머니와 함께
온갖 고생 다하면서
가정생활을 일구었답니다.

할머니는 환한 얼굴로
항상 방글방글 웃으시면서
나를 반겨주셨습니다.
몸이 불편해도
밤늦게 온 나를 위해
밥을 챙겨주시면서
다 먹을 때까지
앉아서 필요한 것이 없나
살피시던 할머니
정말 그립습니다. 할머니!

할머니께서
추운 겨울날에 세상을 떠나
천주교 묘지에
안착할 때
어디에선가 벌들이
할머니 무덤가에
맴돌면서 한동안 떠나지 않았습니다.

새들도 모여들어
할머니 영전을 반겨주는 듯 했습니다.
더군다나 날씨는
매우 쾌청하고 따뜻한 봄날과도 같았습니다.
할머니는 아직도 내 곁에서 떠나지 않고
있는 것만 같았습니다.

하늘나라에서
9남매 우리들을 반기는 것만 같았습니다.
천국에서 생전에 항상 그러듯이
우리들을 위해 그 시간이 되면
하느님께 기도드리고 계실 것입니다.
할머니 보고 싶어요. 할머니!
언젠가는 할머니를 다시 만나면
함께 찬송가를 부르고
성경책을 소리 내어 읽을 겁니다.
보고 싶어요. 할머니!
그리습니다. 할머니!

어머님 아버님 그리고 할머님이 자꾸 그리워지는 이 자연 속에서 잠시 지난 일들을 되새김질 한다. 시골생활, 생각의 여유를 입증하는 것 아니겠는가. 지난 1997년7월1일 기아정보시스템 회사 입사 한 후, 1년6개월 동안 3개의 프로젝트를 수행하고, 담배인삼공사 ICT 프로젝트를 맡기 위해 제안서를 기아자동차 연수원에서 2개월 동안 제안서 작업을 주도적으로 수행하기도 하였다. 그밖에 성균관대학교, 경기도청과 한국전산원 합작된 초고속통신망 원격강의시스템(국책사업) 프로젝트를 PM(project management)을 맡아 성공리에 수행하여 성균관대학교 총장 공로상을 받기도 했었다. 그리고 국민경제교육연구원의 경제정보 DataBase구축도 PM을 맡아서 수행하였다. 입사 후, 1년6개월만에 IMF로 기아자동차가 부도로 인해 계열회사인 기아정보시스템 자회사에도 영향을 미쳐서, 기업경영이 어려운 처지에 놓이게 되어 회사를 계속해서 다니는 것은 어렵다는 생각이 들었고, 이미 그만 둘 것을 생각했다. 그리고 가정생활을 지속하기 위해서 또 다른 방안을 찾아야 했다. 이때는 작은딸이 태어난 지도 얼마 되지 않았다. 이제 겨우 돌이 되었고, 아무에게도 도움도 받지 못하고 빚 얻어 아파트를 장만한 것에 매달 이자와 원금을 갚아야만 했다. 위기가 기회라는 말이 있듯이 앞으로 해결 방안으로 박사과정에 입학해서 교수나 연구소에 취업하면 어떨까 싶었다. 그래서 경영학박사 과정에 입학하여 공부하기 시작한 것이다. 이때 나이 만43세 이였다. 현재 2020년 2월까지 쉬지 않고 공부한 것이, 박사학위 3개, 석사학위 3개, 학사학위 7개 등을 취득하였다. 24년 동안 공부와 생활고를 도맡아 살아온 것이다. 세월은 참으로 빠르게 지나가 버렸다. 지나고 보니, 박사과정에서 가장 힘든 시기인 것 같았다. 박사과정 공부와 논문 준비하면, 시간강사로 최대 주 51시간까지 강의를 맡았는데 14권의 강의 책을 습득해야 하였고, 대학은 8군데 다니면서 강의하여야 했었다. 서울 경기도 충청도 제천까지 다니면서 강의를 했으니 말이다. 박사과정 4년간 주 평균 40시간 정도 강의를 한 셈이다. 금요일 저녁 늦게 수업이 끝나고 나면 온몸이 내려앉아 힘이 역부족 이였다. 그러나 집에서 기다리는 아내와 자식들이 있으니 힘내어 집으로 황급히 갔었다. 그동안 살기 위해 노력하다 보니 자신의 스팩을 쌓게 되었고, 지나고 보니 무척이나 노력하면서 살았구나 싶다. 이제 와보니 자신을 위해 오르지 24년간 살아온 것만도 같다. 내 마음과 정신, 그리고 몸이 습관화되어 또 공부하고 싶어진다. 아마도 공부 병에 걸린 것 같다. 이 곳 동해리 숲속의 자연은 내 열정과 의욕이 누린 삶의 가치의 마지막 종착이어야 하는데, 자연의 울창한 숲들이 지난날 습벽 같은 그 학구열을 더 부추기는 환상이다.

시골생활의 단맛

봄비가 내리는 오전 찻잔을 들고 앞뜰을 바라보면서, 봄비와 클래식 음악 청취로 기분을 함께 해주니 차분한 마음을 가져다주어서 좋았다. 지난해 5월25일 이사 온지 만1년이 다 되었다. 애처는 안양 비산동 종합운동장 부근에 재개발로 2024년 6월 새집에 입주하게 될 것을 너무 좋아했다. 애처와 나는 생애 처음으로 아파트를 분양 받게 되었던 것이다. 또 하나 행복의 그 달콤한 맛 말로써 표현할 수가 없다. 2025년도에는 월판 전철 개통예정으로 올해 5월 초에 이미 공사 착공하였고, 향후 원주와 강릉까지 개통 계획되었다. 인천2호선도 연장 연결공사가 동시에 착공되고, 서울대에서 전철역 연결공사도 함께 되니 경기도 전철명소가 되어 사당동 전철역 못지않을 정도로 좋아진다고 하니 더욱더 마음이 흥분할 수밖에 없는 것이다. 또한, 부근 인덕원에서 동탄 신도시까지 GTX 공사도 유력한 분위기라 더욱더 좋은 조건의 인프라인 셈이다. 34평 아파트 분양받아 2024년6월에 입주를 기다리는, 그 설레는 마음은 젊을 때, 애처가 고등학교 2학년 시절 나를 위해 몇날 며칠 동안 애써 손수 정성스럽게 짠 책상보와 상위 속옷을 짜서 준, 생애 처음 선물 받은 기분과도 같았다. 새로 분양 받을 아파트를 2년간 별장과 왕래하면서 도시와 시골을 함께 생활을 한 다음, 아파트를 처분할 생각이다. 이곳 시골 별장의 현재 생활이 더 달콤해지는 이유이다. 장인장모, 그리고 부모님께서 살아 계신다면 별장에서 자연과 함께 누릴 수 있는 하늘의 선물인데 많은 아쉬움을 가진다. 그분들에게 죄송하고 미안할 뿐이다. 제대로 대접을 못한 나의 과거가 돌팔매질을 해옴으로, 그분들을 생각하면 자꾸 죄의식의 늪에 빠져든다.

공주 유구 동해리에서 경기도, 서울, 대전, 구미, 나주, 천안, 청양군, 충주 등을 다니면서 컨설팅, 심사 활동하면서, 올여름에 펜션 오픈 준비를 아내와 함께 준비하자니 하는 것 없이 마음은 바쁘다. 클래식 음악은 마음 차분하게 만들어 준다. 작년 군산대 대학원에서 국비로 2년6개월간 안양에서 군산까지 오가며 일박은 대학교 연구실에서 군용침대와 배랑 이용으로 잠을 자면서 공부하여, 작년 2월에 일반대학원 공학석사학위를 받았다. 그리고 인하대 박사과정에 인하장학생 선발되어 입학하였으나, 사정상 공주에서 다니기에는 너무 힘들어 자퇴하기도 하였다. 올 3월에 한양사이버대학교 디지털건축도시공학 3학년에 편입하여 현재 열심히 수강하면서 본업인 컨설팅과 심사활동을 겸하고 있다. 여유시간이 있으며, 음악과 노래를 즐길 수 있는 악기들을 다루면서 시간을 보내고 싶기도 하다. 애처가 음악을 전공한 사람이었으면 좋았다는 생각이 든다. 애처는 음악에 별로 관심이 없어 공감대 형성하기에는 어려운 처지이다.

5월은 꽃피는 달이라, 영산홍, 홍매화, 벚꽃, 병꽃, 해당화, 좀섬박이꽃 등 온 마당에 피는 꽃들 3월에 뿌린 채송화, 봉선화, 분꽃, 메리골드, 샐르비아, 해바라기, 꽃양귀비 등이 새싹이 움트고 있으니, 나이 들어가는 자신을 싱싱하게 살아있다는 기분을 들게 한다. 동서형님과 3일간 공사한 텃밭에 조형물 제작공사를 하고 보니 정리가 되기도 했다. 텃밭에는 오이, 고추, 수박, 호랑이강남콩, 가지, 상추, 파, 토마토 등을 심고 물을 주고 거름을 뿌려 텃밭 준비를 마쳤다. 어린 학창시설에 대구농림고등학교 농업과 3년간 다닌 학습과 기본으로 몸에 익힌 농사 기법이 되살아난 셈이다.

오늘은 종일 봄비가 정원에 젖어주니 온 식물들이 생기가 생겨 생생한 초록의 계절을 준비하는 것 같다. 앞마당 건너편에는 도로가 있고, 올 11월에 하천물을 가두는 물막이 조정공사를 하여 마치 미니 보가 형성되어 물놀이하기 좋은 곳이 되었다. 내년 상반기 중에 앞 도로가 왕복 2차선 공사예정이라 주변이 더 좋아지기도 한다. 지금 위치한 이곳은 펜션 하기에 적합한 곳이다. 아침에는 새들 울음소리, 개구리 합창소리, 흐르는 시냇물 소리 등 자연과 함께 하는 이곳에 정말 낙원이 따로 없는 것 같다. 보이지 않는 바람은, 나무들과 화초들을 나부끼게 하고, 처마 끝에 달린 자그마한 종에서 울리는 종소리, 기왓장 끝에서 흐르는 낙숫물 떨어지는 소리, 작년에 공사한 강자갈 마당에 빗물이 스치는 소리 등이 아름다운 멜로디로 오케스트라 화음을 내는 것 같다. 작년에 3년생 호두나무 4그루 식재한 것이 죽지 않고 새싹이 돋아나서 생기를 찾아 살아있으니 기분 좋다. 흘러나오는 클래식은 봄비와 어울리게 마음을 아름답게 적시어 준다. 밤하늘의 별빛과 더불어 달빛이 사랑하는 이 집, 유구읍 동해리 키즈펜션은 상술에 때 묻어 있는 것이 아니라 달이 주변의 꼬마 별들을 아끼듯이 하느님의 마음을 가진 어린 아이들을 사랑하는 집의 이름표를 달아 놓았다. 그 이름표는 "도담도담한옥키즈펜션"이다. 도담도담의 뜻은 어린이가 무럭무럭 건전하게 자란다는 순수 우리나라 말이기도 하다. 이렇게 시골의 자연과 더불어 사는 단맛에 취한, 나 평창 송어 축제에 가다.

모처럼 죽마고우(竹馬故友) 함께

평창송어축제 松魚낚시라

난생 처음 설레는 마음을 忍耐하며

여러 번 사투 시도로 낚시하는 요령

내 생각에 안기었다

팔뚝크기 송어 낚아채니 짜릿한 쾌감의 찔림

삽시간(霎時間) 낚아 올린

3마리 송어들이 파닥거리며

죽마고우 좋아라 나 함께 소리 지르고

주변 사람들의 즐거운 눈빛이 모여든다

먼 산이 더 아름다워

뻗어있는 얼음은 차가운 줄 모르고

추운 겨울의 따뜻한 행복을

더없이 사랑할 뿐이다

동해리 별장의 초봄날
앞뜰에 푸른 새싹들이 수줍어하며
나무마다 연두색 희망을 스스로 즐기고
산기슭 아래 아지랑이 재롱떨며 봄소식을 전하네

동해리 별장의 초여름날
영산홍 여기저기 터져 나오는 분홍빛 함성
텃밭에 펼쳐지는 채소들의 질투를 보며
벌과 나비들 온종일 숨 가쁜 초록의 세상

동해리 별장의 초가을날
은행나무 노랗게 단풍나무 빨갛게 물들어
시간 다투어 헤어짐이 더 아름다운 그림
감·대추 주렁주렁 매달려 있으니
퇴색되는 잔디밭마저 행복의 마음 열어주네

동해리 별장의 초겨울날
은행나무 단풍나무 잎들 다 떠나가 버려도
휴식의 계절을 선물한 하늘의 영광
서산 겨울하늘 아름다운 저녁노을이 일러주네
이 세상 다시 태어나리라고

으름이 바나나 맛인 산골

어제 퇴근 후에 집에서 으름나무에 열린 으름 열매를 수확하였다. 10년, 6년, 2년 되는 으름나무를 식재한 것들이 열매 수확을 할 수 있어서 좋았다. 우리 집 그늘 막은 휴식공간으로 많이 이용한다. 제일 먼저 식재한 으름나무는 수도 가에 그늘 막으로 이용하고, 또 다른 한 나무는 장미터널에 식재하여 쉼터로 이용되고 있다. 나머지 두 포기 나무는 별채 양쪽에 식재하여 열매는 맺었지만 아직까지 그늘 막 역할을 하지 않지만, 그래도 관상용으로 좋아 보인다. 펜션 고객들도 옛 추억을 느끼게 하고, 처음 보는 고객들에게는 신기하다는 듯이 관심 있게 묻곤 한다. 아침 일찍 일어나서 마당과 텃밭을 둘러보면서 산책을 한다. 텃밭에는 호박, 가지, 고추, 그리고 가을 오이작물과 배추, 상추들이 싱싱하게 무럭무럭 자라고 있고, 벚나무, 은행나무, 단풍나무, 밤나무, 홍도화, 해당화, 사과나무, 감나무, 배나무, 보리수, 뽕나무, 체리 등의 다양한 나무들이 가을맞이로 붉게 물들어가고 있다. 신선한 공기와 가을을 맞이한 날씨라 참으로 흐뭇한 하루가 시작된다. 아내는 별채에서 일찍부터 살림살이 정리하느라 바삐 움직이고, 산새들은 지적이며 아름다운 아침이 찬란하게 시작된다.

어제 택배로 보내온 경북영천 셋째 처형과 동서께서 대추를 수확해서 커다란 봉지에 곱게 포장하고 박스에 담아 보낸 것이다. 아내는 생강, 대추, 꿀을 섞어 숙성시켜 차로 먹게 한다는 것이다. 참으로 정성이 고마웠다. 2년 전에 참나무에 표고버섯을 식재하여 손바닥 크기로 자란 표고버섯을 수확하여 옆집 둘째 처형과 나누었다. 한편 표고버섯 재배가 실패한 것으로 생각하기도 했었다.

산골 오지에서 자란 으름 열매(Akebia)이다. 으름에 대하여 알아보았다. 공주시 유구읍 동해리에 있는 집에서 덩굴나무처럼 자라서 시원하게 그늘 막 역할을 해주어서 시원하게 휴식을 취할 수 있다. 으름이란게 요즘 사람들에게는 약간 낯선 것일 수 있다. 생긴 것도 좀 요상하게 생겨서 더욱 그럴지도 모른다.

으름 열매는 장과(漿果)로 6~10cm이며 10월에 연갈색으로 익고 복봉선으로 터지며 과육(果肉)은 먹을 수 있어서 좋다. 껍질을 까보면 애벌레 같이 약간 징그럽게도 생겼다. 물컹물컹한 것에 맛이 있다고는 할 수 없고 씨도 많아서 먹기에 불편하기도 하다. 으름은 높이 12m 정도 자라는 낙엽 덩굴식물이다. 우리나라 산지에 자생하며, 나무를 타고 잘 올라간다. 간을 부드럽게 하고 피부 염증을 치료하는 효과가 있으며, 함유된 칼륨은 비뇨기 질환이나 분비물 억제의 이뇨제로 사용되고, 소화관의 근육을 강하게 한다. 변불리, 수종, 관절염, 신경통에 치료제로 사용된다. 생김새나 맛이 바나나와 비슷하여 '코리언 바나나'로 부르기도 한다. 씨앗도 먹을 수도 있다. 펜션 고객들을 위해 일부의 으름은 남겨 놓고 대접해야겠다.

연종리, 가까운 거리의 이웃 지인 만나 담소를 나누다

어제 오전 8시20분쯤 아주대병원에 도착하여, 며느리가 예약한 심혈관센터 윤명호 교수한데 가서 진료를 받았다. 물론 홍성내포신도시에 있는 내과의원을 찾아가서 의사 소견서를 받고 아주대병원 측에 제시한 것이다. 소견서 내용에는 흉통 증상이 기재된 의사 소견이 되어 있었다. 증상은 3개월 정도 된 것 같다. 걷기운동을 20분 정도 하게 되면 흉통이 생겨 1~2분 정도 멈추었다가 다시 걷게 했다. 한번 증상 이후에는 흉통이 생기지 않는다. 선친께서 동맥경화로 별세하셨다. 선친의 유전자를 물러 받았다고 생각이 들기도 한다. 다음 주 월요일 오전 9시20분에 피검사 후 시술을 하기로 했다. 치료시간이 6시간이나 소요된다고 담당의사는 얘기한다. 시술하게 되면 보호자가 필요하다고 한다. 보호자 될 아내는 암 환자로 입원 중이라, 작은아들 연락처를 알려 주었다. 수술 후, 하루 정도 입원해야 한다. 진료를 끝내고 아내가 있는 병실에 가서 아내와 경과를 얘기했다. 아내는 4번째 항암치료를 7일간 입원해서 치료를 하는 것이다. 앞으로 2회가 남아 있다. 아내의 말로는 폐암 담당의사가 정확한 검사는 1월2일에 알 수 있지만, 영상내용을 유관판단으로는 많이 좋아졌다고 한다. 아내와 나는 너무 좋아 마음이 놓였다. 이번에는 오키(AOKY)를 1병에 500ml

섞어서 하루에 4번 나누어 먹었던 것을, 2배로 널러서 복용한 결과 구토 증상이 많이 와해진 것이다. 항암치료는 횟수를 더 할수록 힘들어가기 때문에 그리한 것이다. 아주대병원 근무하는 며느리는 바쁜 와중에도 틈틈이 연락과 우리를 위해 친절히 안내해 준다. 점심시간에 며느리가 대접하였고, 카페에서 차를 마시며 담소를 나누었다.

 아내와 함께 공주 집으로 향했다. 도중에 흉통 치료처방 약을 구입하고, 다이소에 들러 필요한 물건을 구입했다. 지난번 이부용 선생님 댁에 방문하여 현관문 열쇠용 밧데리(battery) 교체와 컴퓨터 마우스 이용하는 것, USB 노래파일 저장 등 도와주었다. 눈이 많이 내려 노인 부부가 정원 위아래로 이동하는데 불편해 보였다. 다음 기회에 아이젠(eisen)을 구입해서 선물해 드리고 싶었다. 그래서 아이젠을 4개를 구입해서 우리부부가 1개씩 갖고, 2개는 이부용 선생님 부부에게 드리기로 한 것이다.

 이부용 선생님은 우리 집에서 2.3km 거리에 있는 전원주택에 살고 계신다. 부부는 행복의 모닥불을 피우며 살아가고 있다. 작년 여름에 우리 집을 지나가면서 방문하였고, 차와 더불어 담소를 나누며 친분을 쌓게 되었다. 이선생님은 고향이 경남 고성이시고 해운항만관리청, 한국관광공사, 신화건설 사우디 리야드 지사 등 다양한 공직생활을 거쳐, 창원시에 있는 창원문성고등학교 영어담당 선생님과 창원문성대학교와 동아대학교에서 영어영문학을 강의하셨다. 이웃 하는 곳에 영문학박사이면서 시인이신, 훌륭한 지인을 만나게 되어 무척 반가웠다. 나도 창원에서 5년 가령 직장과 창원대학교 박사과정을 공부한 곳이기에 정감이 더해진다. 더군다나 출판계획 중인 나의 수상집 저서의 글들을 점검해 주시면서 많은 조언을 보태어 주셨다.

이 선생님이 주신 본인의 두 번째 시집 〈지산나박실〉이 있다. 시 내용을 보니, 내 자신이 시인이라 할 수 없을 정도의 격조 높은 시를 열어 놓았다. 이 선생님의 한 편 한편의 시 내용을 살펴보면, 영화 한편의 내용을 축약하여 전개해 놓은 시 내용이다. 감탄이 절로 나는 것이다. 염치불구하고 도움을 청하였고, 흔쾌히 승낙해주어 내가 내고자 하는 책이 완성되게 큰 도움을 주신 것이다. 서로 선생님이라는 호칭을 부르도록 했지만, 나 보다 4살이나 많은 연상이라 형님 같은 분이시다. 사모님은 유구가 고향이라 그래서 사모님을 위해 배려하여, 이곳에 정착하게 되었다고 한다. 사모님은 참으로 인자하신 분이다. 나보다 한 살 아래지만, 고귀한 중년의 인자함을 풍기고 있는 분이다. 이곳 전원주택에 들르면 소나무 숲과 푸른 정원이 먼저 나를 반기며 자연스럽게 발길 닿는 정원 오솔길 옆으로 꽃과 나무들 그리고 서각한 시로 전원을 장식하여 감성을 자아내는 장소이기도 하다. 시가 아닌 또 하나의 서각의 글이 시선을 끌고 있다. 〈너와 내가 다름으로 우리가 공존한다〉이다. 우리는 대립되는 사고와 의견 또는 편견 때문에 갈등과 증오를 일으킨다. 이 때 이 말을 떠올리며 상대를 긍정하는 이해와 관용을 베풀려는 노력으로, 우리와 우리 사회를 사랑하자는 저 침묵의 가르침 앞에 내 스스로를 다짐한다. 잠시 집 뒤쪽의 원두막에 오른다. 이곳의 사과밭과 포도밭이 화음을 이루며 솔숲과 산들의 정취를 고조시키고 있다.

이 집의 별채는 〈송월당松月堂〉이라는 이름표 하나를 달고 있다. 그리고 팝송 음악과 커피차를 대접하면서 중년의 친근한 마음으로 대하여 준다. 마치 시간을 맛있게 즐길 수 있는 북카페 같은 이 휴식공간이 특이하다. 이곳을 방문하는 날이면, 환자인 내 아내에 대하여 걱정하면서 나의 고민을 함께 해 주는 것이 늘 고맙다. 그리고 나의 장점을 칭찬해 주는 여유를 놓

치지 않는다. 몇 번이고 방문하여도 어둠이 짙으면 마당의 마음씨 고운 외등이 나서는 길을 밝혀주니 이 집의 아름다움을 더 돋보이게 한다. "돈 안 받는 카페이니 자주 들르시라" 곁들이는 선생님 인사말의 유머가, 이집 자주 찾는 나의 방문의 편안함을 더해준다. 별채 옆 딸기밭에 패트 병으로 만든 바람개비가 바람과 손잡고 신나게 돌아가면서 떠나는 나에게 작별 인사를 한다.

다음날 새벽 5시에 일어났다. 오늘 혈심증 치료를 위해 준비하고, 아주대병원에 혼자 가야만 했다. 아내가 깨어나지 않게 조심히 준비물을 챙겨 집을 나선다. 산골이라 어제까지 내린 눈이 녹지 않아 길이 미끄러웠다. 차 시동을 걸고 자동차 창문에 얼어붙은 눈얼음을 긁어내고, 조심이 차를 몰았다. 자동차 속 음악은 상송과 팝송 음악이 흘러나와 마음을 안정시켜주었다. 배방 역에 도착해서 주차 시키고 나서, 전철 노인 이용표를 구입했다. 생각보다 6시48분에 출발한, 전철 속에는 적지 않는 승객들이 이미 자리를 찾지 하고 있었다. 지난날 새벽에 전철타고 일과 심사를 위해 이용했을 때 생각나기도 했다. 전철 내부는 따뜻해서 잠이 들었다. 수원 역에 도착해서 920번 버스를 타고 아주대병원 앞에 내려 3층 업무과에 입원수속하기 위해 접수하고, 2층으로 내려가서 피검사하고 난 후, 다시 3층 심혈관 센터에 있는 심혈관 검사를 영상촬영으로 판독하게 되는데, 사전에 담당 간호사가 부작용과 시술에 대한 설명을 친절하게 해준다. 10시30분에 시술하게 되었다. 왼쪽 팔에는 링거를 투입시키고 나서, 수술실로 안내해 준다. 수술실 안에는 의사와 남자 간호사 3명이 대기하고 있었다. 간호사는 나를 수술침대에 오르게 하고 눕게 한 다음, 오른팔을 들어 올리고 나서 소독을 하는 것이다. 의사는 오른팔 손목 위쪽 부분에 부분마취를 시키고 나선, 기다란 철사 줄 같은 것이 오른쪽 팔목 위 부분 살을 뚫고 몸속으로 들어가는 것이다. 의사는 조영제를 직접 투입시키는 것이다. 조영제를 투입될 때는 손에 열이 나는 것이다. 처음으로 느낀 이상한 기분이 들었다. 영상카메라가 심장 주변을 움직이면서 촬영하는 것이다. 수술침대 위에 누운 상태에서 영상 진행 중인 상황을 모니터를 통해서 생생하게 알 수 있었다. 심장 중심에서 여러 갈래의 동맥통로와 연결된 핏줄까지 조영제 약물이 투입되는 것을 모니터를 통해 실감나게 볼 수 있었다. 같은 방법으로 촬영을 여러 곳에 시도하였다. 동맥통로에 막힌 곳은 전혀 없었다. 담당의사는 동맥통로들은 모두 깨끗한 상태라 이상이 없다고 한다. 윤명호 의사선생님은 그만하겠다고 한다. 30분 가령 소요된 것 같았다. 시술점검 결과에 대하여 전문의 말씀을 듣고 나니, 세상에 다시 태어난 기분이다. 제일 먼저 아내에게 이 사실을 알렸다. 아내는 너무 좋아서 한 동안 울기만 했다.

"여보 너무 고마워요"
"당신이 동맥 심혈관에 아무런 이상 없다는 데,
너무 좋아요 여보!"

나는 한 동안 전화 수화기를 들고, 아내가 흐느끼는 울음소리에 넋이 나갔다. 아내를 진정 시키고 전화를 끊었다. 다음으로는 작은딸에게 전화를 했으나 받지 않았다. 카톡으로 문자로 전했다. 수술 전날에 작은딸은 걱정이 되어 전화가 온 것이다. 작은아들도 수술입원 시 본인의 연락처를 등록하라고 하고 귀가 시 본인 차로 모셔드리겠다고 했다. 수원으로 가는 도중 전철 안에 있을 때, 성민이가 걱정이 되어 안부전화가 온 것이다. 작은딸로부터 알게 된 것이다. 환자보호자 등록을 작은아들로 한 것이다. 작은아들에게도 전화를 해서 심혈증 검사결과 정상이라고 했다. 작은아들은 병원에 오겠다고 하는 것을 말루 했다. 배방 역까지 작은아들 차로 모셔드리겠다고 하나, 업무 중이라 작은아들에게 부담을 주고 싶지 않았다. 작은아들은 삼성전기 과장으로 근무 중에 있으며, 과장은 매우 바쁜 처지임을 직감한다. 친구인 이건모 교수와 정원희 교수가 통화로 위로 해준다. 그리고 가까운 동탄에 사는 이병윤 친구에게도 전화로 사실을 알렸다. 오늘 저녁 약속이 있어서 다음에 보자고 한다. 버스와 전철이용으로 집으로 오는 도중, 이 교수는 조치원역으로 오라고 한다. 마중 나와서 위안을 해주었다. 고마워서 식사를 대접했다.

 다음날, 아내의 몸 염려도 그렇고 해서 하루 쉬고 싶었다. 그전에 회사에 병가를 낸 상태라 그 덕택에 모처럼 아침 일찍 일어나지 않아도 된다. 만약에 나에게 심혈증이나 동맥경화 증상이 있다면, 심근경색으로 발전되어 매우 힘든 처지에 놓일 것이다. 더군다나 아내 암환자를 케어 하는 입장에서 더욱 더 어렵게 될 것이다. 그렇게 되면 앞으로 활동에 많은 제약이 뒤따르게 된다. 그리고 삶의 의욕마저 상실하게 될 것이다. 생각만 해도 아찔하다.

"천주님, 저의 기도를 들어 주셔서 정말 고맙고 감사드립니다."

앞으로 남은 인생을 보람되게 살고 싶고, 희망을 갖고 새롭게 살아가야 하는 마음으로 임하고 싶다. 그리고 주변에 고마운 분들과 상생하면서 좋은 일들을 하고 싶어진다. 주님께서 기회를 한 번 더 주신 것이다. 천주님의 깊은 뜻을 이해하도록 노력하고, 깨달아가면서 나머지 인생 살아갈까 한다.

나 혼자 사는 행복과 즐거움을 터득하기 위해

동해리 별장 뜰에 있는 그네를 타면서 둘러싸인 산과 나무들 그리고 하얗게 덮인 눈을 바라보면 사색에 젖어든다. 나 혼자 사는 행복과 즐거움을 가질 수 없겠는가 하는 마음이 문득 생각이 난다. 현 사회에는 독신으로 살아가든, 누군가와 함께 살아가든 간에 혼자의 외로움을 느낄 때가 있다. 아무도 모르는 나만의 행복과 즐거움을 찾을 수 있는 길을 찾고자 한다. 우리가 살아가고 있는 삶은 혼자 떠나는 여행길이라고 한다. 혼자 떠나는 여행길에서 고독과 외로움을 이겨내야 하고, 쓸쓸함을 당당하게 견뎌나갈 수 있게 된다면, 주위 사람들을 존중할 수 있게 되고 타인을 사랑할 수 있게 되는 것이다. 나 혼자 산다는 것은 싱글이나 독신으로 산다는 의미가 아니다. 더불어 살아가는 삶 속에서 자신만의 고유한 즐거움과 아름다움을 추구하며 살아가는 걸 말하는 것이다. 결국 혼자 산다는 것은 자신만의 시간을 가지고 이를 통해 더불어 풍요로움 삶을 만들어가는 것이다.

제대로 산다는 의미는 무엇일까? 당신 자신의 내면에서 들려오는 목소리에 귀 기울이는 삶이다. 당신 영혼의 속삭임을 따라가는 삶이다. 당신이 무엇을 원하는지, 어떤 삶을 원하는지 가장 잘 아는 사람은 오직 당신이다. 당신의 몸과 마음, 영혼의 부름에 답하는 삶을 산다면 당신 인생의 질서는 당신을 중심에 놓고 경이롭게 재편될 것이다. 자신과 독대하고 있다 보면, 우리가 진정 갈망하는 것이 무엇인지 알게 된다. 우리는 경제적 안정(安定)이 아니라 경제적 평온(平溫)을 열망한다는 사실을. 우리가 바라는 것은 결핍이 접근할 수 없는 내면의 평화였다는 사실을 비로소 깨닫게 된다. 이를 통해 우리는 재테크 경제계획을 버릴 수 있고 인생 그 자체의 본연을 추구하는 탐

구자, 순례자, 철학자가 될 수 있는 것이다. 혼자 사는 즐거움 중 하나는 문득 발걸음과 생각을 멈추고, 넋을 잃고 주변의 아름다움을 바라볼 수 있다는 것이다. 풍광이 화려한 여행지에만 아름다운 존재하는 건 결코 아니라는 사실은 혼자 걸을 때 가장 잘 알게 된다.

신성한 불안은 진주조개가 품은 모래알이나 마찬가지다. 이 모래알을 진주로 만들기 위해선 자기 삶의 소유권을 당당하게 주장해야 한다. 운명의 손에서 벗어나 미래를 개척하기 위해 몸부림쳐야 한다. 우리가 바라는 모든 일은 당장 이루어지지 않는다. 꿈이 실현되기를 끈기 있게 기다릴 줄 알아야 한다. 하지만 이 같은 인내는 무형의 자산인 탓에 쉽게 마음에서 멀어지고 만다. 인내를 시각화함으로써 기다리는 즐거움을 얻을 수 있어야 한다. 바로 여기에 희망상자가 필요한 이유가 있다. 당장 시작할 수는 없더라도, 바라만 봐도 마음이 즐거워지는 희망상자를 곁에 두어야 한다. 마치 복권을 주머니에 넣고 다니면 당첨일 전까지 행복해지는 것처럼 말이다. 〈희망상자 만들기〉 중에서, 희망상자를 만들어 혼자 있을 때마다 들여다보면 살아갈 힘과 용기를 얻는다. 그리고 자신의 꿈이 이루어질 것이라는 믿음이 생겨난다. 판도라의 상자에 희망이 담겨 있었다면, 우리의 희망상자에 가장 먼저 담아야 할 것은 희망에 대한 믿음이다. 그리고 〈좋아하는 색깔 만들기〉 중에서, 우리가 혼자 있는 시간에 해야 할 일이 바로 여기에 있다. 내 인생에 어떤 색깔을 칠할지를 결정해야 한다. 그리고 다른 사람의 눈

초리 따위는 의식할 필요 없다. 진정성만 갖추고 있다면 내 마음이 원하는 데로 선택한 것은 언제나 옳은 것이기 때문이다. 당시 나는 낯선 시골로 이사를 했다는 사실은 불안했다. 하지만 점점 새 집의 현관문을 열고 들어가는 순간을 늘 고대하기 시작했다. 황토색과 흰색 거실이 내 태도를 바꿔놓은 것이다. 혼자 있을 때는 다양한 색깔을 실험하고 경험하라. 이를 통해 마음에 생기를 불어넣는 진정한 자아의 색깔을 찾도록 한다.

혼자 사는 즐거움이라는 것은 가족이나 사랑하는 사람 혹은 친구 등과의 모든 인간관계를 한순간 끊어버리라는 게 아니다. 단지 이 모든 인간관계에서 벗어나 나에게 집중할 때, 과연 내가 원하는 삶은 무엇이며 내가 혼자가 될 때 내 인생을 끌어가는 원동력이 무엇이 될지를 생각해보라는 것이다. 오늘날 우리가 살고 있는 사회는 보다 다양하고 복잡한 인간관계가 연결되어져 있다. 하지만, 군중 속의 고독을 느끼는 경우는 그 어느 때보다도 훨씬 많아졌다. 나는 다른 사람을 위해 살아가는 인생을 지속하는 한, 지독한 고독에 시달릴 수밖에 없다면서, 누구도 대신할 수 없는 삶을 살아가기를 권하고 있다. 복잡한 관계 속에서 다양한 역할을 수행하며 살아갈수록 우리는 혼자만의 즐거움을 찾아야 한다. 그래야만 우리 인생에서 내가 주인공이 될 수 있다. 인위적인 규칙과 질서에서 자유롭게 자신의 영혼을 풀어놓을 수 있는 시간과 공간을 확보할 수 있을 때 우리는 자신의 인생이 완전히 바뀌는 유쾌한 기적을 경험하게 될 것이다. 자기 내면의 목소리를 경청하는 사람은 관계들로부터 방해받지 않고 오히려 주위 사람들로부터 응원을 받을 수 있게 될 것이다.

그래서 모든 인생은 혼자 떠나는 여행이다. 우리의 여정은 언제나 시작이다. 우리는 우리 자신을 만나기 위해 용감하게 복잡한 세상과 작별할 줄도 알아야 한다. 인생의 보물들이 너무나 많기 때문에 혼자서 성찰하면서 발견하여야 한다. 아직 자신이 원하는 삶을 찾지 못했고, 인생의 보물들을 발견하지 못했다는 건 지금껏 자신을 위해 살지 못했다는 뜻이다. 자신의 노고와 헌신이 오로지 자기에게 귀결되지 않았기 때문이다. 그러므로 누군가를 위해 살아서는 안 된다. 누구도 대신할 수 없는 삶을 살아야 하는 것이다. 조 E. 루이스는 이렇게 말했다. "인생은 단 한 번이다. 하지만 제대로 산다면야 한 번으로도 충분하다." 단 한 번의 삶에서 누구와도 함께할 수 없는 나만의 행복 찾기를 위해서 부단히 노력을 해야 한다. 결코 늦지 않았다. 지금부터라도 자기 자신을 인생의 중심에 놓고 계획을 짜면 충분하다.

동해리 이곳 산골에서, 나 혼자 사는 행복과 즐거움을 터득하는데, 안성맞춤인 장소이기도 하다. 그래서 나름대로 혼자 사는 슬기로운 방법을 정리해 본 것이다. 나의 삶을 응원하고 위로하는 동시에 나 삶의 새로운 변화를 위한, 에너지를 공급 받는 기회가 된다. 한껏 심호흡을 하면서 긴장을 풀고, 나의 인생을 바꿔줄 즐거운 모험을 해본다.

정직한 자의 성실은 그의 인생을 아름다운 곳으로

　동해리 정원에는 소나무 한 그룻이 있다. 구입 당시에는 어린 소나무이었지만, 10년이 지난 현재는 내 키 보다 훨씬 크게 자랐다. 소나무로부터 느끼는 바가 많다. 소나무도 하나의 생명체로서 겨울의 모진 바람과 눈, 비와 추위가 찾아왔을 때 참기 어려울 것이다. 그러나 그것을 나름대로 견뎌 내는 것이다. 우리 인생에도 고난과 역경과 시련이 찾아온다. 이것들은 모두 다 인간의 삶을 시들게 하고 절망과 좌절로 몰아간다. 이때 소나무처럼 굴하지 않고 항상 푸르고 꿋꿋하게 서서 독야청청하는 인생관을 가지고 살아야 한다. 인생을 살아가다보면 누구나 인생의 어두운 순간을 만날 때가 있을 것이다. 그러나 그 순간, 우리는 알지 못하지만 인생 어디에선가 어떤 모양으로든 비추는 인생의 희망 빛을 받을 수 있는 기회가 있다는 것을 잊지 말아야 한다.

이 세상에서 제일 무서운 것이 있다면 첫째는 사람이고 둘째는 돈이다. 그보다 더 무서운 것이 있다면 그것은 절망이다. 그런 까닭에 실존철학자 키르케고르는 "절망은 죽음에 이르는 병"이라고 하였다. 인생의 절망을 희망으로 바꾸는 힘은 용기다. 사람이 용기를 잃어버리는 것은 큰 불행이자 죽음에 이르는 병과 같다. 가난과 고난의 어려움이 있을 때 용기를 가지고 힘차게 뚫고 나가면 절망이 희망으로, 불행이 행복으로 바뀌고, 비참한 운명이 성공적인 운명으로 바뀌며, 패배가 승리로 바뀐다. 하느님은 나에게 많은 것을 넘치도록 주셨는데 나는 욕심에 사로잡혀 사는 인간이 아닌가. 내 자신을 계속 들여다보고 또 들여다본다. 나의 양심과 이성에 호소하면서 스스로 자신을 두드려 볼 때마다 큰 복을 주신 하느님께 사죄를 구하게 된다. 욕망에 사로잡히면 감사와 행복과 마음의 자유가 없어진다. 그러므로 주어진 축복 속에서 욕심 없이, 매일매일 감사하며 기뻐하는 사람이 지혜로운 사람이다. 양심은 인간을 바르게 인도하는 등불이고, 희망의 빛의 밑거름이 된다. 양심이 있기 때문에 인간은 존귀한 존재이고 인격적인 존재가 되는 것이다. 우리 모두 불의와 죄와 부정을 뛰어넘어 선한 행동으로 인도하는 양심의 소리를 들으면서 살아가야 한다.

인간이 성실에 가까우면 가까울수록 알차고 참되고 의로운 사람이 된다. 그러나 성실에서 멀어지면 멀어질수록 가난과 허망에 빠진다. 아무리 명문대를 거쳐서 학식이 많고 박사가 되었다 할지라도 성실이 없으면 그 사람의 성공은 헛것이다. 그래서 인생 공부 중에서 성실의 공부가 제일이다. 솔로몬은 "정직한 자의 성실은 그의 인생을 아름다운 곳으로 인도한다"고 하였다. 실존철학의 인간은 성실해야 한다는 것을 핵심으로 말한다. 성실이 풍요로운 인생을 만들어 간다. 복된 삶을 살고 싶으면 성실한 사람이 되어야 한다.

무엇이든 미치면 된다. 학생이 공부에 미치면 그 미래는 밝다. 교사는 열심히 공부하여 좋은 지식을 전수하며 제자를 올바른 길로 인도할 때 참 교육자가 된다. 성직자는 신앙과 양심을 지키고 인격을 쌓아 다른 영혼을 위해 열정을 다할 때 변화를 이루어 낸다. 예술인과 문학인, 정치인, 발명인이 목표로 삼은 것에 열정을 다하여 미치면 무에서 유를 만들어 내는 놀라운 창조의 역사를 일으키게 된다. 이처럼 어떤 일에 일편단심으로 미친다면 못 이룰 것이 없다. 당대뿐 아니라 다음 세대에 선한 영향을 끼치려면 꿈을 정하여 자신감을 갖고 그 목표에 충실히 미쳐라. 그럼 안 될 것이 없고 무에서 유를 창조해 내게 될 것이다.

'희망'의 힘은 기적을 만드는 위대한 힘이다. 우리는 절대로 삶을 포기하지 말아야 한다. 아침 일찍 떠오르는 태양이 온 세상을 밝히듯 마음속의 희망으로 미래를 밝히며 인생을 살았으면 한다. 그리하여 희망의 등불로 불안한 세상을 밝히는 존재가 되길 바란다. 헬렌 켈러는 귀도 안 들리고 눈도 안 보이고 말도 못하는 절망의 여성이었다. 그러나 어머니와 그의 스승 설리번이 심어 준 '희망' 때문에 수많은 노력의 결과, 절망을 극복하고 인류에게 밝은 희망을 심어 주는 아침 태양처럼 빛나는 존재가 되었다.

인생을 살다보면 늘 즐겁고 행복한 일만 있는 것은 아니다. 뜻하지 않게 절망적이고 삶을 포기하고 싶은 경우도 만나게 된다. 그래서 인생은 희노애락애오욕(喜怒哀樂愛惡慾)의 일곱 가지 감정이 반복되는 것이다. 기쁘고, 즐겁고, 사랑하며 살아가는 건 즐겁고 행복한 일이지만, 화나고, 슬프고, 악하고 과욕을 부리는 일들은 인생을 살아가면서 겪게 되는 절망적이고 인생의 어두운 순간들일 것이다.

결국, 인생은 어두운 순간을 만날 때 어떻게 생활할지에 따라 즐겁고 행복해질 수 있는 것이다. 우리가 어두운 순간을 만나게 되면 우리가 알지 못하지만, 어디에선가 어떤 모양으로든 비추는 인생의 희망 빛이 있는 것이다. 인생의 희망 빛의 메시지는 결국 인생을 어떤 마음가짐으로 살아가는가에 달려 있다. 어려운 환경 속에서도 희망의 끈을 놓지 않고 감사하고 인내하며 꾸준하게 자신의 인생 목표를 이루기 위해 한 가지씩, 한 가지씩 실천을 하는 게 중요하다. 적극적이고, 긍정적이며 낙천적인 삶의 모습 속에서 매일매일 실천이라는 행동이 이루어질 때 비로소 소망한 희망의 빛을 얻을 수가 있는 것이다.

인적이 드문 이곳 공주동해리 산골에서도 많은 일이 생긴다. 10Km 거리에 있는 유구읍내 면사무소에 방문하여 자진 주민 자치위원회에 가입하여 부위회장 직함 얻었다. 그리고 30여명의 위원들과 상호 교류가 이루어져서, 소개받은 풍물놀이 회원들과 장구와 북을 치며 장단에 흥을 돋우었다. 녹색환경분과에 소속되어 봉사활동과 친교로 외로움을 달래는데 많은 도움이 된다. 그동안 한 사람, 한 사람씩 알게 되어가니 유구주민 소속감을 갖게 된다. 공주유구읍에 대한 연간행사를 알고 이 지역의 문화를 차츰 알아 진다. 그리고 앞으로 각종 행사에 참여 할 수 있게 되어 참으로 삶에 보람을 느낀다. 산골 이곳에도 정직과 성실이 통하는 곳이다. 앞으로도 점진적으로 지역범위를 확대해서 더 많은 봉사활동과 친교를 가져볼까 싶다. 주말에는 펜션 운영으로 고객들에게 봉사를 하고, 주 중에는 홍성 내포신도시에 가서 소방감리일 한다. 퇴근 도중에 취미활동과 친교활동을 할 수 있어서 좋다. 봄이 와서 앞으로 충남·호남 지역을 다니며 기업체 대상으로 스마트공장 심사와 평가, 그리고 코디네이터 업무를 수행하게 된다. 경기도 지방의 지자체과제와 교육을 맡게 되어 일이 많아질 것으로 예상된다. 봄에 각종 꽃씨와 채소 모종을 심고, 과실수 나무들을 전지작업도 해야 한다. 날이 갈수록 일이 늘어나고 있다. 일의 연속성을 갖기 위해 공주지역과 인근 지자체를 방문하여 일거리를 찾아 수행하는 것도 해야 한다. 멀리에 있는 경북영양군 입암면 삼산리 산3-6에 있는 임야에 약초와 산나물을 재배도 해야 한다. 임업경영체등록을 지난해 12월22일날 거주지 관할 공주산림청에 방문하여 이미 등록을 마쳤다. 숲 가꾸기도 병행해서 내년도에 임업직불제 신청을 하여 1ha당 60만원 정부지원을 받을 수 있도록 하여야 한다. 이 모든 것이 하느님의 배려와 사랑으로 생기게 된 일이다.

2

젊은 시절의 주요
경력을 회상하면서

젊은 시절의 주요 경력을 회상하면서

각래관세간(却來觀世間) : 물러 나와 세상일을 돌아보면

유여몽중사(猶如夢中事) : 모두가 마치 꿈속의 일과 같네

고등학교 교사생활의 추억을 기억하면서

 1979년2월 달에 대학교를 졸업하고, 대구경상공업고등학교 수학교사로 부임하였다. 담임선생으로 토목과 반을 담당하게 되었다. 학생들 대부분이 대구시내 외곽지역과 경북지역에서 먼 거리에서 통근하거나 하숙하는 학생이 대부분이다. 대학원을 다니게 되어 야간 건축과 반을 맡게 되었다. 사진은 가을 소풍을 함께한 보이스카우트 단원들이다. 내가 단장이라 보이스카우트 단원 제자들이다. 실업계 고등학생들이라 대부분이 가정형편이 넉넉하지 못했다.

담임선생 하면서 여러 가지 경험을 겪게 되었다. 어떤 학생은 장기간 등교하지 않아 경산하양까지 방문하여 학생을 설득시켜 등교하게 했다. 부모는 직장에 가시고 방 한 칸에 부모님과 함께 지내는 것이다. 내가 어릴 적에 그런 처지라 그 심정을 이해할 수 있었다. 어느 날, 반 대표 학부형이 수업 중에 찾아와서 불러내어 마구잡이로 자식을 사정없이 두들겨 패는 것이다. 반대표는 집안 사정을 얘기하지 않았다. 참으로 딱해 보였다. 어느 제자는 자기 내 형님 두 분이 찾아와서 동생을 부탁한다면서 인사로 찾아온 것이다. 저녁식사를 대접하면서 사정 얘기로 형제간의 우애가 돋보였다. 어느 날 귀한 외동아들 학부형 어머니가 찾아와서 양발 한 켤레와 손수건을 선물로 주시며 애지중지 키운 아들 부탁도 하였다. 교사임용 순위고사 응시하여 경북지역 전체 2등을 하여 공립학교 교사로 대기발령 중에 있었다. 대학원 진학과 대구 시내에서 근무하게 되어서 경상공업고등학교를 지원하게 되었다. 그 전에 순위고사 결과 내용을 보고 학교에서 먼저 초청한 것이기도 하다. 교무실에서 학생과 소속으로 자리를 잡게 되었다. 선생님들과 마주 앉은 책상에서 같은 수학담당 김기환 선생님과 친하게 지냈다. 바로 마주 보는 조인숙 여선생님은 국어담당 선생님이다. 조인숙 선생님에게 조씨를 여씨로 바꾸면 어떻겠냐 하며 장난스러운 말을 던지기도 했었다. 조 선생님은 질문에 화를 내곤 한다. 여씨로 바꾸면 여인숙이 되니까 말이다. 한바탕 웃기도 했었다. 김기환 선생님과 퇴근 후에 막걸리를 마시며 지나온 과거와 현재의 일들을 소재로 담소를 자주 나누곤 했었다. 김 선생님은 나보다 15살이나 많은 경험자 선생님이시다. 다른 지방의 학교에서 전임하여, 나와 조인숙 선생님과 함께 발령받았다. 그래서 셋은 친하게 지냈다. 사립학교의 형태는 오너 아들이 교감 선생이고, 둘째 아들은 서무과장이다. 오너는 교장 선생이고, 아내는 이사장인 것이다. 학교 하나 설립하고 온 가족들이 학교 중요한 요지를 모두 차지하면서 학교를 운영하는 것이다. 정년퇴임까지 이곳에서 지내자니 따분하기만 하다. 앞으로 15년 후에는 김기환 선생님처럼 지내겠구나 싶어 내 인생의 미래를 곰곰이 생각하지 않을 수가 없었다. 그래서 가까운 영남대학교 대학원 경영학과를 진학해서 공부하게 되었고, 이러한 환경 속에서 벗어나고 싶었다. 훗날 대기업과 연구소, 대학교 교수생활 끝으로 정년퇴임을 해보고 나니, 그래도 경험했던 일들 중에서 고등학교 선생 시절이 가장 그립다. 20대 중반에 교사생활을 하다 보니, 아주 젊은 나이에 학부형들이 찾아와서 선생님이라고 호칭을 부르고 예의를 갖추어 대하니, 교사생활 하는데 보람을 갖게 되었다. 내가 만약에 그때로 되돌아간다면 공립학교 교사로 자연과 더불어 지내는 곳에서, 지금의 아내와 함께 욕심 없이 행복하게 살 것만 같다. 이러한 마음은 나이 70세가 되니까 그런 마음이 드는 것이다. 젊은 시절은 변화 추구하는 시기라 그 당시 판단이 잘 못되었다고 생각하지는 않는다.

현대미포조선소에 입사하여 근무한 추억에서

1981년8월31일 경상공업고등학교를 그만두고 대학원과정을 마치고 현대그룹사에 지원하여 1개월 동안 현대연수원에서 연수과정을 마치고 현대미포조선소에 발령받아 근무하게 되었다. 이때 나이는 27세 나이였다. 발령은 기획실 전산과에 4급 사원으로 근무하게 된 것이다. 수학과 경영학을 전공한 것이 전산 프로그래머 및 시스템설계 담당자로 직무를 맡게 된 것이다. 수학 선생을 하다가 기업에 근무하자니 생활문화가 영 달랐다. 후회도 했었다. 선생일 경우에는 부모님 같은 분들도 나를 선생님이라고 호칭을 해주시는데 기업에서는 반말과 명령조로 나를 다루는 것이다. 갈수록 적응하기가 힘들어진다. 한 달에 한 번씩 정주영 회장님은 전하동 체육관에서 현대고등학생 악대부를 불러놓고 환영 인사를 받으며, 종업원들에게 초등학교 교장 선생이 학생들에게 훈시하는 것처럼, 월례행사로 의무적으로 참석하게 하는 것이다. 현대그룹에 대한 사명을 갖게 한다. 자주 듣게 되어, 국내외 정세 소식을 접할 수 있었다. 마음이 답답하고 잘 풀리지 않을 때, 종종 현장 선박제조 장이나 도크 야드(Dock Yard)에 가서 생각에 잠긴다. 당시에는 전자계산학과 정보처리 관련 학과가 없었고, 대신 전자공학과나 수학과, 물리학과 졸업생이 전산실에 입사하여 프로그래머나 시스템설계 업무를 담당하게 되었다. 3세대 언어 COBOL과 FORTRAN, 2세대 언어 ASSEMBLER가 주로 사용한 것이다. 1년 동안이나 프로그래머로서 프로그램을 제대로 구상하지 못했다. 밤낮없이 스트레스는 매일 겪는 것이라 무척 힘들었다. 지난 교사생활을 그리면서 술을 마시면서 눈물을 흘리기도 여러 번이었다.

정주영 왕회장님은 무에서 유로 창조하게 된 거대한 조선소 건립과 운영은 초인간적인 힘으로 그 많은 어려운 과정을 겪으면서 지내고 있는데, 나는 기껏 프로그래머 담당도 제대로 하지 못하니 한심스럽기만 했다. 현장의 작업자들은 선체 위에서 불빛 더위를 참아가면서 용접이나 도장이니 열심히 하고 있고, 선박 바디부분에 녹이 쓴 것을 제거작업하기 위해 샌딩(sending)작업으로 모래먼지 맞아가며 작업하지 않는가? 나도 할 수 있다는 마음을 굳게 다짐하면서 어려운 과정을 헤쳐

나가야 한다는 생각이 들었다. 그래서 컴퓨터 관련되는 전문서적과 경영학 최신 서적을 매달 봉급 받아 2권을 구입해서 공부하는 습관을 갖게 되었다. 얼마간 지식이 쌓여서 업무전산화하는데 자신감을 갖게 되었다. 업무시스템 개발은 영업관리, 인사관리, 회계관리, 생산관리 등의 업무를 개발하여 현업에서 이용하게 되었다. 업무분야별로 상호 연계성 없이 독립된 시스템으로 운영하고 있고, 원시 데이터는 수기전표를 키펀치들이 컴퓨터에 입력하여 데이터가 생성되며, 이를 가공해서 사용부처에서 이용하는 수준이다. 경영정보시스템(MIS) 전문서적을 탐독하고선 꿈같은 먼 미래에만 가능한 종합시스템이지만, 관심을 갖고 꾸준히 연구와 공부를 하다 보니, 그 분야에 전문가가 되고 싶어졌다. 조선소 문화는 퇴근 후에는 대부분이 술로 이어지는 분위기라 술로 시간을 보내는 일이 빈번히 발생되고 보니, 밝은 정신으로 지내기가 벅차셨다. 꿈을 키우기 위해서 보다 좋은 환경과 더 넓은 산업체로 옮겨서 한층 업그레이드(upgrade) 된 일을 하고 싶은 생각이 들게 되었다.

(주)포스코 E&C 회사 근무 추억을 회상하면서

1983년10월4일 제철엔지니어링(향후, 포스코건설에서 포스코 E&C로 상호 변경) 기술기획실 과장으로 입사하여 포항시 본사로 발령 받아 근무하게 되었다. 이틀 후에 울산에서 소식이 왔다. 첫째 아들이 태어난 것이다. 회사일 때문에 소식만 듣고, 목요일이라 토요일까지 기다려야 했었다. 오퍼레이터 안태민씨와 프로그래머 김선주씨 함께 술 마시면 마음을 달랬다. 전산실에는 PRIM 550 컴퓨터를 운영하고 있었다. 하드웨어 80MB로 기업운영을 하는 것이다. 오퍼레이터 안태민씨와 프로그래머 김선주씨 2명이 전산담당자로 근무하고 있는 것이다. 제철엔지니어링은 종합엔지니어링 회사이다. 입사일이 창립일이라 회사 기준과 운영하는데 준비가 많이 부족한 처지라 불편한 것들이 많았다. 초대 사장은 안덕주 대표이사님이시다. 서울대 조선공학과 출신이고 포스코 임원으로 계시다가 창립회사 대표이사로 발령받아서 오신 분이다. 현대미포조선소에서 더 큰 회사로 옮겨서 더 큰 시스템을 활용하기 위해서 온건데, 시스템 규모가 오래된 소규모의 컴퓨터 시스템인 것이다. 국내 최초 소프트웨어하우스 회사는 쌍용컴퓨터이며, 그다음으로 생긴 기업이 제철엔지니어링 회사이다. 불과 2년 차이인 것이다. 삼성SDS는 우리회사 보다 3~4년 정도 뒤늦게 회사를 창업하였다. 전산사업개발부의 전문가들은 포스코 모기업에 기업경영과 생산관리 업무를 정보화하기 위해 투입한 것이다. 나는 본사 총괄시스템을 운영하기 위해 책임자로 발령되었고, 나머지 동료들은 포스코 본사(포항)와 광양제철소 정보시스템실에 파견 소속으로 근무하게 되었다. 향후 정보시스템실은 성기준 실장을 포함해서 모든 전산인들은 전산시스템 전문회사인 포스테이터에 소속이 되었다. 초대 대표이사는 성기준 사장이다.

현대미포조선소 전산실 프로그래머 시절이 그립다. 총괄책임자는 프로그래머는 기본이고, 전산실 직원들 관리와 교육담당을 해야 하고, 부서 결산업무보고와 차기 전산기획예산 업무까지 담당해야 했었다. 그리고 타부서와 관계 협력과 직속상관에게 수시로 보고하고 오더(order) 받아 처리하는 것까지 책임지고 수행하는 것이다. 맡은 업무로는 종합엔지니어링 회사를 운영하기 위해, 매주 프로젝트 단위로 공정회의 주관을 해야 했고, 엔지니어들의 투입공수관리와 프로젝트 진도관리에 대한 정보자료를 수집하고, 데이터베이스등록구축 된 정보자료를 공정회의 때, 회의 자료를 제공해야 했다. 그밖에 인사관리와 급여관리를 개발하여 사용부처에 정보제공도 했었다. 초창기 회사경영 기반을 확립하는 데 노력했다고 창립1주년 행사 때, 사내모범표창을 수여 받았다. 안덕주 사장은 수시로 전산실로 찾아와서 신규 사업이 될 수 있는 아이템을 나에게 주면서 연구해보라고 하셨다. Comshar 기업의 패키지 PC 데모용을 가

겨와서 검토하라고 한다. 사장님의 명이라 열심히 연구 분석을 해야만 했었다. Comshar 회사는 미국, 캐나라, 영국 3개 나라가 합작회사로 개발한 시스템 패키지이다. 안 사장님은 날 보고, 국내 시중은행과 대기업이나 공공기관에 방문하여 시스템 영업을 하라고 독촉을 하는 것이다. 영국의 엔지니어까지 불러 들여 함께 다니면서 패키지 내용에 대하여 설득하면서 영업을 하라는 것이다. 참으로 난감한 일이다. 은행용 전용 패키지는 선진국의 은행운영 시스템과 국내 시중은행 운영형태가 서로 달랐다. 국내 은행은 정부의 control 받아 운영하게 되는 시스템이고, 선진국의 은행들은 독자적으로 운영되는 시스템이다. 그래서 영국 엔지니어가 결론적으로 승산이 없어 철수하게 되었다. 본사에서는 나를 포항 본사와 서울사무소 양쪽 발령으로 겸직하게 하고선 지원되는 출장비는 고작 교통비만으로 서울과 포항 오가며 일을 보게 하는 것이다. 서울사무소에는 사업개발본부를 담당하시는 최철낙 부사장과 안덕주 사장님과의 경영철학 개념이 서로 달라서, 그 두 분 사이에 내 입장은 곤란할 때가 많았다. 나를 두고 사장님은 포항 본사로 내려오라 하시고, 부사장님은 서울사무소에 있어라 하니, 양쪽을 눈치 보자니 더욱 힘들었다. 나에게 습관처럼 위기가 부닥쳐오면, 기회로 여기는 것이 나의 철학이다. 이때 나는 공부를 더 하고 싶어서 무리하게 연세대학교 대학원에 입학하게 되었다. 그리고 포항에 있는 가족들 함께 서울 인근 안양시 호계동으로 이사하여 서울 생활을 하게 되었다. 사장과 부사장의 이념 다툼으로 포스코 박태준 회장님께서 두 분 모두 대기발령을 내어 직위해제로 인사발령을 낸 후, 그만두게 한 것이다. 그 후로 내 입장이 더 난감하게 되었다. 마침 포항공과대학교 설립으로 인해 기회라 싶어 파견근무를 자발적으로 지원하게 되었다.

포항공대(포스텍) 설립으로 인해 제철엔지니어링에서 3명의 과장이 파견하게 되어서, 개인사물함에 있는 짐을 싸서 포항으로 가게 되었다. 다니던 대학원은 당분간 학업 휴학계를 내고서, 포항에 있는 일터로 가게 되었다. 또 주말 부부가 된 것이다. 이때, 파견자 3명의 과장은 김영준, 박성호 그리고 나였다. 2년간 대학설립을 위해 준비하느라 죽을 고생을 다 했었다. 컴퓨터공학과 1호 교수 이전영 선생 감독 하에 프로젝트를 수행하게 되었다. 이전영 교수는 프랑스 퐁피두대학교 인공지능을 전공한 박사이다. 프로젝트 수행 중에서 내가 맡은 업무는 4세대 Tool 도입과 DBMS 담당 그리고 학사관리 업무를 맡았다. 포항공과대학교 첫 입학식을 앞두고 제철엔지니어링 회사에 대한 미련을 버리게 되었다. 나올 때 눈이 내려서 온 세상이 하얀 눈으로 덮여져 마음은 왠지 섭섭한 기분이 들었다. 그리고 서울에 있는 소프트웨어 전문회사 광림소프트랜드에 다니면서 대학원에 다시 복학하게 되었다. 제철엔지니어링 회사에서 근무요청을 수차례 받았지만, 마음이 내 끼지 않았다. 포항공과대학교(포스텍)에 파견근무 할 때, 이전영 교수로부터 배울점이 많았다. 나이는 나와 동갑이지만, 생각과 사업 비즈니스 개념이 뛰어났다. 그리고 연구 실무실적은 우리가 하고, 이 교수는 연구논문을 작성하여 연구실적을 챙기는 것이다. 그 후로 나도 연구논문에 대하여 관심을 갖게 되었다. 현재까지 다수의 연구논문 실적을 남기게 되었다.

㈜오리온홀딩스 회사를 입사하여 기업정보화를 구축하다

   1989년1월12일 ㈜동양제과 전산실 책임자로 입사한 것이다. 원했던 연세대학교 대학원 석사과정을 마치고 2월27일에 학위를 받고 졸업하였다. ㈜포스코건설 기업을 다니다가 연세 대학원 복학과 과정을 종결짓기 위해서 퇴사를 한 것이다. 또한, 동료 직장 퇴사자 김영준 과장 권장도 한몫했다. 현재는 고인이 되었다. 퇴사 후, 곧장 개인기업 소프트 개발 전문회사인 광림소프트랜드에 부장으로 입사하여 MRP II 패키지를 개발하여 중소기업 대상으로 영업과 컨설팅 그리고 개발까지 수행하면서 대학원을 다니게 되었다. 개인 소규모 회사이지만 사장은 임익생 대표이다. 한국조선공사 전산실장을 거쳐, 삼성전자 초대 전산실장과 HP 사업본부장 경력을 갖고 있었다. 한양공대 전기과 출신이다. 약 3년간 그분을 따라 다니면서 기업경영 감각과 정보화시스템에 대하여 다방면으로 배울 점이 많았다. 지금 와서 생각해 보니, 그 시기가 정보화시스템을 습득하는 데 가장 유익한 시기라 본다. 대학원 석사논문에도 MRP II 시스템에 대한 것이었다. 광림소프트랜드 회사창립 이래 내가 처음으로 영업수주를 한 것이다. 그 후로 자신이 생겨 수주를 쾌 많이 하였다. 그런데 회사 다니기에 너무 힘들었다. 임 사장은 나보고 대학원을 그만두라고 한다. 입사할 시, 대학원을 다니는 조건으로 입사하기로 한 것인데 사장은 번복하는 것이다. 서로가 생각 이견이 생긴 것이다.

그래서 그만두고, IBM 박동린 상무이사 소개로 ㈜동양제과 회사 전산실 책임관리자로 입사하게 되었다. 박동린 상무이사님은 내가 포항공과대학교 파견근무 시에 4세대 언어와 DBMS Supra 패키지 도입검토 할 때 알게 된 분이다. 입사한 (주)동양제과에 와보니, 정말 컴퓨터시스템 구축수준이 시대적으로 너무 뒤떨어진 회사이다. IBM SYSTEM 38 중형 컴퓨터를 도입 운영으로 키펀치 5명의 여직원들에 의해 세금명세서 발행만 하였다. 그야말로 워드프로세스 이용하는 수준이다. 한동안 낙심도 했었다.

회사 전반적으로 기업경영정보화 Master Plan을 수립하여 오너 담철곤씨에게 보고하였다. 당시 수석부사장 직함으로 나를 대한 것이다. 나이는 1955년6월6일생이라 나보다 2살 아래이며, 대만 화교 출신이다. 키도 큰 편이고 배우처럼 잘 생겼다. 부인은 이화경 상무이사 이였다. 부인은 창립자 이양구 회장 둘째 딸이다. 부부는 서울외국인학교 같은 반으로 함께 지낸 사이이고 서로 정이 들어 결혼한 것이다. 담철곤씨는 미국 조지 워싱턴 대학교 마케팅을 전공하였다. 이화경은 이화여대 미술학과 전공이다. 오너 담철곤씨는 외국공부를 한 사람이라 선진문화를 접한 사람이기 때문에 마음에 든 것이다. 그리고 전산에 관심과 지원을 아끼지 않았다. 그런데 입사 한지 달 반도 되지 않아서 한국방송광고공사에서 정보화담당 책임자로 근무 요청이 온 것이다. 갈등이 생겼다. (주)동양제과 회사는 정보화시스템 구축해야 할 일들이 산적해 있는 것이다. 제조공장이 5개, 12개 지사, 130개의 영업장, 12개의 물류센터 등이 모두 수작업으로 업무를 수행하고 있었다. 일의 욕심과 오너의 대폭 지원이 마음에 들어 계속 근무하게 되었다.

기업경영정보화를 구축하는데 처음 기초부터 시작할 수가 있었고, 내 주관대로 마음껏 시스템을 구축할 수 있는 것 같았다. 해볼 만한 기업이라 생각하게 되어 ㈜동양제과에 눌려 앉게 되었다. 고생이 시작되었다. 영업장 독립운영 시스템을 토대로 130개 영업장 모두 전산처리할 수 있게, 직접 영업장을 다니면서 업무분석과 설계 그리고 회사에서 지정해준 소규모 전산전문업체 외주 초보자 2명을 데리고 개발하게 되어 힘들었지만, 현업업무에 적용한 것이다. 영업소 관리업무는 제품수불, 재고관리, 판매관리, 회계관리, 판매원의 차량수불재고관리 및 주문 그리고 판매관리 등 모든 업무를 전산화 개발하여 이용하게 하였다. 판매원들에게까지 개인소유 소형컴퓨터 (HHC)를 이용하게 했다. 이는 스페인 출장가서 얻은 노하우 기술을 한국문화에 맞게 적용시켜 이용하게 한 것이다. 1,200명의 판매원들에게 교육과 적용 테스트를 여러 번 시행을 거쳐 이용할 수 있게 되었다. 시스템을 적용하기 위해서 사실거

래와 사실 재고관리를 해야만 했다. 사실 거래를 하게 되면 영업총괄 상무이사 입장이 곤란하여 반대가 심했다. 왜냐하면, 사실 거래로 가판매 행위가 없어지므로 매출액이 20~30% 정도의 거품이 살아지기 때문이다. 사실 거래를 하게 되어, 많은 효과를 얻게 되었다. 제품재고량이 600~700억을 보유하다 보니, 이자부담과 제품의 유효기간이 지나면 폐기처분으로 인한 손실은 연간 수백원이나 되었다. 그로 인해 반품량도 연간 수십억원 가량의 기업 손실을 보게 되었다. 1989년도 연간 매출액이 1,350억원 수준에서 손실부담이 매우 큰 금액이다. 제품 재고금액이 늘 부담이 되었다. 영업장 전산화를 구축하여 130명 이상의 영업소 직원을 감원시켜서, 인건비 절감효과도 보았다. 대신 종업원 감원에 마음이 아팠다. 지금도 그 시스템을 설계하라면 그릴 수 있다. 그만큼 고생해서 직접 구축한 시스템이라 애착이 간다. 공장별로도 독립적으로 생산관리와 물류관리, 회계관리, 공정관리, 재공관리 등의 업무 전산화시키고, 본사 업무에서도 물류관리시스템, 수송운영관리, 회계관리, 인사관리, 마케팅관리 등 대부분 업무를 전산화로 구축하게 되었다. 특히 물류관리와 판매관리시스템 개발을 위해, 스페인 바르셀로나에 있는 팹씨스넥 회사에 방문하여 업무시스템 벤치마킹하게 되었다. 약 1개월간 출장 가서 배우고 나서 ㈜동양제과에 맞게 연구해서 접목하게 되었다. 팹씨스넥 회사는 ㈜동양제과와 합작하여 오리온프리토레이 회사를 만들어졌다. 그로 인해 상호 협업 관계라 기술제휴로 노하우(knowhow)를 전수받게 되었다. 이때, MIS와 데이터웨어하우스를 이론적인 수준에서 실전으로 이용하는 것을 보고 많은 도움이 되었다.

출장 기간 중 휴일날을 이용하여 스페인 바르셀로나의 '사그라다 파밀리아' 성당을 방문했다. 이때는 1995년도, 성당은 100년 동안 건축하였고, 앞으로도 100년간 건축해야 한다고 했다. 가우디가 설계한 성당이라 가우디 성당이라고도 한다. 그런데 근래 소식통으로는 2026년도 가우디 사망 100주년에 완공 목표로 하고 있다고 한다. 돌을 조각하면서 건물을 건축하는 것이다. 참으로 대단하였다. 바르셀로나 시내 거리에는 피에로 여성과 남성이 거리에 서 있는 것이다. 한참 후에 조금 움직이고 정지하는 것으로 반복하는 것이다. 내가 돈을 주면 움직이며 춤을 추는 것이다. 지중해 연안이라 저녁 해질 무렵에 집시들이 기타를 치면서 노래 부르는 모습들이 환상적이다. 스페인은 지중해 가장 서쪽 해변을 끼고 있는 낭만적인 나라이다. 해가 질 때 그 광경을 한 번 더 보고 싶다.

편의점 바이더웨이(BuyTheWay) 설립을 위해 팀이 구성되어 일본에 가서 벤치마킹하게 된 시기도 있었다.

　일본 세븐일레븐, 미니스톱 등 장동규 이사가 리드가 되었고, 팀은 물류담당, 영업담당, 전산담당, 영업기획담당 등 여러 명이 구성되어 운영 노하우를 배우러 간 것이다. 주문판매시스템에 대한 운영관리를 견학하고 향후, 창업 예정인 편의점 바이더웨이(BuyTheWay) 설립을 위해 도움이 되게 하였다. 나는 전산담당을 맡았다. 여유곡절 편의점 바이더웨이(BuyTheWay)를 설립하여 전산시스템 구축하는 데 도움을 주었다. 지금은 편의점 바이더웨이(BuyTheWay)는 세븐일레븐에 합병되어 사라진 자회사이다. 그밖에 대만, 싱가포로, 태국, 홍콩 등 해외 출장하여 기업의 글로벌 기업화를 만들기 위해 선진기업을 방문하여 기술전수를 받고, 현실에 맞게 보완하여 (주)동양제과 기업 실전에 적용하였다. 당시 (주)동양제과 기업은 현재는 오리온홀딩스로 상호 변경되었다.

3

시니어의 보람된
삶(창업)을 위해

시니어의 보람된 삶(창업)을 위해

비관론자는
모든 기회에서 위기로 보고,

낙관론자는
모든 위기에서 기회로 본다.

- 윈스턴 처칠 -

인간이 죽는다는 것은 알았지만,
외면하고 싶었고 부정하고 싶은 마음이다.
남에게 있을 수 있는 일이지만,

왠지 나에겐 다가올 먼일로 여겨진다.
삶의 한계가 깨달을 무렵,
어느덧 살아온 날들보다는
살아갈 날들이 훨씬 더
적다는 것을 깨달았다.

속도로만 살아온 삶에 있어서
내가 가는 길에 대하여 생각해 본다.
빠르게도 살아왔던 삶이
중요한 것은 속도가 아니라
방향성이 잘못됨을 깨닫게 된다.

앞만 보고 혼자만을 위해 살아왔던 삶에
내게도 행복 같은 기적이 생겨났다.
혼자가 아닌 둘이 함께
하는 삶이 이루어진 것이다.

한동안 서로 다른 길을 걸어왔기에
다소 어색하고 서투르기도 하였지만,
진정한 삶의 동반자로 만나고
함께 동행하여 나간다는 것은
정말 기적 같은 일이고
최고의 축복이었다.

언제까지일지는 모르겠지만,
우린 남아 있는 날 동안을
함께 할 것이다.
지금까지 각자 애써 왔던
자신들의 인생을 이제는 둘이 하나가 된
우리의 삶으로 맺어간다.

그리고 남은 7,300일,
무슨 일이 펼쳐질지,
무엇을 해야 할지 잘 모르겠지만,

마지막이 반드시 온다는 것은 잘 알고 있다.
지난 25,550일에 비해
훨씬 더 짧은 시간이라는 것은 당연하다.
하지만 그 결실은 깨달았어 훨씬
더 풍성하고 아름다울 것이다.

이전보다 재산이 많고
사회적 권위가 높고
명예가 있어 그런 것이 아니다.
오히려 이전보다 나이 들고
늙고 삶의 무게가 버거울 수도 있다.
하지만 어떠한 상황 속이라도
풍성하고 감사할 수 있는 이유는
내 삶에 있어 올바른 길과 방향성을 찾았고
그리고 생명의 존귀함을 깨달았기 때문이다.

함께 나눌 수 있는 소중한 삶과
시간이 아직 남아 있고,
부족하지만 누군가를 거둘 수 있는
나의 몸덩어리가 건재하다.
아직은 부족하지만 비어 있는 마음속엔
아내를 마음에 담고 살아가며,

함께 울고 웃을 수 있어 행복하다.

석양이 뜰 때, 하루를 정리하고,
해가 떠는 내일을 더 기다리지는 것은
새로운 세상을 준비하는 마음에
신뢰와 배려로 베풀 수 있게 되어
감사하다!

"미운 오리 무지개 하늘을 날다"에서 배우며

　김기현 저자 '미운 오리 새끼의 꿈 여행'에서는 아기 오리의 출생과 왕따 이야기, 꿈을 이루려면 떠나라, 꿈을 품고 인내하라, 기회가 왔을 때 도전하라, 자아발견과 꿈을 이룬 감격 등 다섯 이야기가 소개되고 있다. 이 이야기들은 안데르센의 〈미운 오리새끼〉에서 보듯이 오리엄마 밑에서 자신과 다른 오리들 틈에서 겪게 되는 시련이나 어려움을 극복해 나가는 모습을 소개하고 있는 것이다. 최근 학교폭력이 자살로 이어지는 등 그 심각성이 극에 달해 있다. 학교 왕따 못지않게 심각한 것이 직장 왕따라는 취업포털 〈사람인〉의 자료를 보면 사회 곳곳에서 왕따가 기승을 부리고 있는 것이 오늘날의 모습이다. 왕따는 열등감을 낳고, 열등감은 우울증을 낳고, 우울증은 자살을 낳는다는 저자의 주장에 전적으로 동감하는 바이다. 결국 왕따 문제의 출발점은 열등감에서 비롯된다. 왕따를 당하는 사람의 열등감일 수도 있고, 왕따를 시키는 사람의 열등감일 수도 있다. 이런 점에서 저자는 열등감을 해결하는 것이 왕따 문제를 근본적으로 해결할 수 있는 것이라고 주장하고 있다. 학교 왕따는 학생의 열등감과 부모의 열등감을 같이 해결해야 된다는 것이다.

아기 오리들은 어미 오리를 따라 배운다. 사람도 부모 따라 배우며 살아간다. 그러니 부모 닮기 마련이다. 그 아버지에 그 아들이요, 그 엄마에 그 딸이다. "피는 못 속인다"는 말이 무서울 정도로 정확하다. 그래서 부모는 최초의 스승이요, 바꿀 수 없는 마지막 스승이다. 당신도 바로 당신의 엄마, 아빠를 닮은 것이다. 훌륭한 엄마, 아빠는 시야를 확 넓혀 자녀를 바라본다. 선생님도 마찬가지다. 학생들을 현재 상태로만 보지 말고, 미래의 가능성으로 보라. 괴테는 "현재의 모습대로 칭찬하면 지금보다 못한 사람이 되지만, 그의 잠재력대로 대하면 더 위대한 사람이 된다"고 했다. 과거지향적인 사람은 지적하거나 비판하지만, 미래지향적인 사람은 칭찬하고 격려한다.

지금 어려움 속에서 아무도 자기를 도와줄 사람이 없다고 느끼며 쓸쓸해하고 있는가? 그렇다면 지금이 당신의 미래를 준비하고 설계할 중요한 시간이다. 쓸쓸한 가을에 준비하지 못하면 차가운 겨울로 인생을 마치게 된다. 쓸쓸한 가을은 겨울을 지나 봄을 준비하는 시간이다. 당신은 이 가을에 겨울과 봄을 맞을 준비가 되어있는가? 어떻게 겨울과 봄을 준비하고 있는가? 꿈은 준비된 사람에게 생각보다 일찍 이루어지지만, 준비하지 않는 사람에게는 영원히 붙잡을 수 없는 허상에 불과할 뿐이다.

인생의 긴 고통의 터널을 지나면 반드시 인생의 새봄도 온다. 꿈을 포기하지 않는 사람만 승리의 주인공이 될 수 있듯이 끝까지 인내하는 사람에게만 기회가 있다. 인생의 긴 겨울 속에 있다면 결코 포기하지 말라. 낙심하지 말라. 속지 말라. 과정 중이고 공사 중이다. 공사 중에는 나도 주변 사람도 모두 불편하다. 그러나 꿈과 기대가 있다. 새봄을 기대하면서 힘차게 달려라. 그리고 "아아, 봄이 왔구나! 나의 새봄이 왔구나"라고 힘차게 외칠 것을 준비하라. 역경 없는 인생은 없다. 사람은 누구나 역경을 겪게 마련이다. 하지만 역경에 굴복하면 불행과 마주치고, 역경을 딛고 일어서면 무지개 하늘을 날 수 있게 된다. 역경에 감사할 줄 아는 사람이 즐거울 때도 진정으로 감사할 수 있게 된다. 21세기는 상시 불황 시대이며, 상시 위기 시대이기에 절대 긍정적 마인드가 아니고서는 마음과 정신이 건강할 수 없다.

영국 소설가 헨리 제임스는 '사람의 삶에서 중요한 세 가지가 있다. 첫째는 친절이고, 둘째 셋째도 "친절이다"라고 말했다. 플라톤 역시 "친절해라. 우리가 만나는 사람은 모두 힘든 싸움을 하고 있다"며 만나는 모든 사람에게 친절하게 대할 것을 강조했다. 친절함이라는 작은 행동은 "사소함이 만드는 위대한 성공 법칙"이라는 놀라운 결과를 안겨줄 것이다. 많은 사람이 30세까지 살고 50년 동안 죽어가다가 80세에 매장된다. 30세까지는 목표가 있어서 적극적이고 긍정적인 태도를 갖지만 30세가 넘으면 목표를 포기하기 시작한다. 그러나 진짜 결심하면 태도가 달라진다. 그래서 나는 영원한 30대로 살려고 적극적이고 긍정적인 태도로 살아가고 있다. 태도가 안 되어 있으면 지식 많은 것이 오히려 문제가 된다.

〈백조의 습관으로 바꿔라〉 중에서, 성공자는 습관을 하인 부리고, 실패자는 습관을 주인으로 모신다. 그러나 많은 사람들이 2~3번 하다가 포기한다. 대다수의 사람들이 성공이 가장 가까이 왔을 때 포기해버린다. 포기만 하지 않아도 인간은 성공할 수 있다. 훌륭한 습관은 훌륭한 인격을 낳는다.

책의 내용 핵심과 나의 경험과 연관해서 정리해보기로 한다. 책의 내용은 우화를 자기계발서로 재해석한 작품이다. 저자가 목회자라는 점에서 종교적인 내용이 다소 많지만 충분히 공감가는 내용이라 생각되는 부분이 많다. 따라서 자녀와 같이 읽고 대화를 나누면 좋을 것이다. 이 책에서 특히 우리 사회의 가장 심각한 사회문제 중 하나인 '왕따'를 어떻게 해결할 것인가에 대한 답을 제시하고 있다. 왕따가 열등감에서 비롯된다는 저자의 지적에 전적으로 공감한다. 이런 열등감은 선진사회로 갈수록 점점 더 심각해질 것이다. 선진국에서 나타나는 병폐 중 하나가 심각한 상대적 열등감이다. 일반적으로 보면 어느 정도 잘사는 데, 옆집과 비교해 보면 상대적으로 못사는 것처럼 느끼는 게 상대적 열등감이다. 학교에서 나타나는 왕따현상이나. 직장에서 나타나는 왕따현상도 따지고 보면 결국 상대적인 열등감에서 비롯되는 것이다. 선진국으로 가는 자연스러운 사회현상이지만, 정도가 심각하다는 점이 문제이다.

저자는 열등감을 극복하기 위해 친절, 배려, 칭찬과 같은 것을 해법으로 제시하고 있다. 가정에서 배워야 할 것 들이다. 하지만 한 자녀가 대세인 지금의 가정에서 이런 교육이 제대로 이뤄지지 못하고 있다는 것 역시 문제이다. 부모는 아이들의 거울이라고 한다. 부모가 솔선수범하는 모습을 가정에서 보여줘야만 자식이 보고 배울 수 있게 된다. 왕따 없는 세상, 폭력 없는 사회를 만들기 위해 가정에서부터 올바른 교육이 필요하다. 내 자식이 귀하면 남의 자식 역시 귀하다는 사실을 기억해야 될 것이다. 또한 부모가 모범적인 생활을 해야만 자식이 모범생이 될 수 있다는 사실 역시 명심해야 될 것이다.

앞서 제시된 나의 어린 시절에 대하여도 담임선생의 경솔한 행동에 대하여 얘기하고 싶다. 어릴적 9남매 생활환경이 매우 취약한 시기였다. 그래서 초등학교 기성회비조차 내지 못한 처지라 6학년 담임선생님께서 오해로 신학기 때부터, 졸업 전까지 거의 수업에도 참가시키지 않았다. 가난에도 불구하고 기죽지 않게 나를 놀리는 동무들에게 참지 않고 싸움을 걸어 마음의 자존심을 진정시키기 위해 나름대로 행동한 것이다. 그래서 싸움꾼이 되었다. 6학년5반 60명 중에서 선생님과 동무들로부터 철저히 왕따를 당한 것이다. 성장 후 성인이 되어서 재경초등학교 동기동창생들 모임에서 이구동성으로 "아니 세현이가 어떻게 박사학위를 취득하고, 그것도 3개씩이나 박사학위를 취득했을까?" 등 모두들 의아스럽게 생각하였다. 더군다나 대학교 교수까지 되었으니 미꾸라지가 용이 되었다고 야단들이다. 특히 공부 잘한 우수생들이 더 야단스러웠다. 모임 중에 박사학위 취득자는 나 혼자이다. 글 읽기도 서투른 나로서, 박사학위취득까지 그 과정이 힘난했고 힘든 고비들이 무수히 많았다. 초등학교 6학년 담임선생님께서 나를 엄하고 악독하게 대한 것이 좋게 생각하면, 강인한 인간을 만들기 위한 것이라 생각한다. 지금은 고인이 되었다고 한다. 1950년 6.25전쟁 후, 60년대까지 한국 경제사정은 매우 어려운 처지라 나뿐만아니라 한국 대부분이 가정형편이 어려운 시기인 것이다.

나에게도 기회가 온 것이다. 중학교 3학년 때, 담임선생님께는 수학을 담당하셨다. 수학 첫 시간에 "원점의 좌표를 아는 사람은?" 이때 나 혼자만이 손을 들고 (0, 0)이라고 대답했다. 그때 담임선생님께서 칭찬을 해 주었다. 생전 나에게 칭찬해준 분은 오직 그분이었다. 그날로부터 수학시간이 되면 열심히 수업을 참관하였고, 수학시간만 기다려진 것이다. 수학공부를 열심히 하였고, 담임선생님의 권유로 수학경진대회에 출전하여 우수한 성적과 상장을 받게 되었다. 생전 처음 있는 일이다. 그 후로 수학을 전공하였고, 수학을 가르치는 고등학교 선생이 된 것이다. 내가 살아가면서 경험해본 것으로서, 모든 분야에 수학이 기본 바탕이 된 것이다. 수학으로 인해 전공분야가 기계제어공학, 전기전자공학, 심리학, 컴퓨터공학, 건축도시공학, 경영학, 산업공학, 산업정보, 기계공학, MIS, 재활공학 등 수학을 포함해서 13개 전공분야를 전공하여 13개 학위를 취득한 것이다. 어릴적 왕따가 오히려 인생성장에 도움 되게 활용한 것이다. "성공자는 습관을 하인 부리고, 실패자는 습관을 주인으로 모신다."고 했다. 그리고 "훌륭한 습관은 훌륭한 인격을 낳는다."라고도 했다. 지금 나는 47일 지나면 70세가 된다. 옛 한 분 스승이 가하여, 앙금처럼 남아있던 굴욕의 매질과 저주, 또 한 분의 스승이 베풀어 준, 따뜻한 칭찬이 다 내 삶의 성숙의 밑거름이 되었다고 회상에 젖으며, 이제 고인이 된 두 분 모두에게 색 다른 고마움이 새싹처럼 돋아나고 있다. 도전은 앞으로도 계속될 것이다.

40대 후반에 경영학박사 학위를 취득하게 되어

만43세 1997년3월에 대학원에 입학하여, 만47세 2001년2월 26일 경영학박사학위를 취득하게 되었다. 기아자동차의 자회사인 기아정보시스템에 입사한 지, 1년6개월 만에 모회사 부도로 인해 강제 퇴사를 당한 것이다. 기존 동료들은 자기들 간에 보이지 않는 끈끈한 관계가 있는 것이다. 프로젝트 3개나 프로젝트 관리자(project management)를 맡아 수행하고 성과가 좋아 수행한 기관(성균관대학교)으로부터 공로패까지 받았지만 아무 소용이 없었다. 상황파악을 해 본 결과 내가 그만두어야 할 처지인 것 같았다. 직속상관 김 상무는 모회사로 이직을 하는데 2,000만원이 필요하다고 한다. 돈을 주고 이직할 정도로 자존심이 허락되지 않았다. 1년 전부터 이상한 조짐이 느껴, 박사과정에 입학하여 시간 나는 대로 공부하였고, 포스코 직장 동료이면서, 연세대 대학원 동문인 전광만 대표(마이다스텍) 소개로 동서울대학교 전자계산학과에 겸임교수로 임용되어 강의하게 되었다. 차후에는 경남테크노파크를 소개받아 시스템개발실 실장(임원) 공채에 응시하여 근무도 했었다. 기아정보시스템 기업 퇴사 후, 박사과정을 하면서 서울과 경기도 소재 대학교에 방문하여, 준비한 이력서를 경영학과와 전산계산학과 교수들에게 제출하면서 강의 자리를 부탁한 것이다. 10

개 대학을 방문하면, 2~3개 대학에서 강사로 채용해 주기도 했었다. 자신이 직접 발로 뛰면서 강의 자리를 얻게 된 셈이다. 그리고 박사과정에 공부하는 동료 교수들(이건모, 심상천)의 도움으로 강의를 얻기도 했었다.

대학교마다 특색이 다르고, 전공학과마다 강의과목이 달랐다. 처음으로 접하는 과목이라 감당하기에 벅차기도 하였지만, 절박한 처지라 닥치는 대로 강의과목과 시간을 부여받아 강의 준비와 강의 활동을 여기저기 다니면서 학비와 생활비 그리고 아파트 융자금 공제를 위해 정신없이 지냈던 40대인 것 같았다. 정해진 직장도 없이 매 학기마다 대학교 강의담당 교수들을 찾아가 부탁하기도 했었다. 매 학기마다 강의평가로 마음조이는 처지라, 힘 드는 줄도 몰랐었다. 특히 한 학기에 14과목을 맡아 강의할 때도 있었다. 열차나 버스로 이동할 경우, 짜투리 시간을 내어 강의 준비를 위해 쉴 시간도 없이 책을 보아야만 했었다. 박사과정 4년 동안, 평균 주 40시간 이상 강의를 배정 맡았다. 최고로 배정 맡은 시간은 주 51시간이나 맡기도 했었다. 그 와중에도 주간에는 박사과정 수업을 청강하고, 과제발표 준비와 논문준비 등을 해야 할 일들, 그리고 갓 태어난 작은 딸 목욕과 배설물로 기저귀 갈아주는 일 등 하루가 24시간이 부족한 것이다. 하루는 강의하려 충북제천에 있는 모 대학교에 강의하러 가는 도중에 현기증이 나서 자동차를 고속도로 갓길에다 세우고 토를 하고 나서야 정신을 차릴 수가 있었다. 그러한 일들이 가끔 생기는 일인 것이다. 매주 금요일 야간 10시30분에 수업이 끝이 나는데, 강의실 의자에 혼자 남아 잠시 쉬고 있다가 일어나면, 온몸이 기가 빠져 한동안 정신 못 차리고 자리에서 일어나지 못하는 경우가 허다하였다. 그럴 때마다 집에서 기다리는 식구들을 생각하면, 조금이라도 빨리 집으로 가기 위해 힘을 내어야만 했었다. 고마운 분이 또 있었다. 포스코 다닐 때 상관 김 부본부장님 소개로 서울 종로구에 있는 우성해운 기업에 고문으로 근무하게 되었다. 퇴근 후, 야간에 강의까지 할 수 있어서, 고정적인 수입에다가 강사료까지 보태어 돈을 모을 수 있어서 좋았다. 지도교수 김용겸 교수(고려대학교 경영학박사학위)는 정직하고 강직한 분이셨다. 나의 처지를 많이 이해하고 배려해 주셨다. 지도교수 강의시간을 일부 주 6시간이나 챙겨주기도 했었고, 토요일 종일 지도교수 과목을 가르치기 위해 점심 식사까지 대접해 주시면서 수업을 진행하셨다. 논문지도에 적극적으로 도움을 많이 주셨다. 나이는 동갑이었다. 고려대학교에서 경영정보학 박사학위를 취득하셨고 학부는 전자공학을 전공하신 것이다. 전산 프로그램과 데이터베이스 기반으로 경영정보전략계획수립 등에 대한 우수한 외국 유명저널 논문을 손수 취합해서, 프린터 물을 직접 나누어 주시고 발표하게 한 것이다. 논문지도에 철저하게 지도하신 것이다. 지도교수를 만난 것도, 나의 복인 셈이다. 박사과정 함께 공부한 선배 정재덕 박사(재무전공)는 정부기관인 기획부 차관을 지내셨고 조선호텔 사장을 지낸 삼성가의 일원이기도 했다. 정 박사님이 학위취득 하는 날에 조선호텔로 초대받아 대접을 받기도 했었다. 초대받는 분은 재무전공

담당 서병덕 지도교수와 재무전공 동료 2명과 나, 4명을 초대받은 것이다. 선배 정 박사님은 70세에 박사학위를 5년 만에 취득한 귀한 학위이었다. 그로 매칠 후, 별세하셨다는 부고 소식으로 삼성의료원 장례식장에 문상하게 되었다. 정 박사님은 고인이 되었다. 고인의 뜻은 방문한 모든 문상객들에게 부주를 받지 말라고 유언하기도 했었다. 모든 믿어지지 않았다. 정 박사님은 박사과정 5년 동안이나 수업시간에 하루도 빠짐없이, 늘 30분 전에 미리 와서 수업청강을 위해 좌석에 앉아 계셨다. 성실과 정직으로 재무부 차관까지 하신 것이다. 배울 점이 많았던 모범학우이었다. 그리고 지방 상주에서 서울까지 매주 공부하기 위해 직접 운전하면서 박사과정 1명과 석사과정 1명이 과로사로 이 세상을 떠난 것이다. 고인들에게 고개 숙여 명복을 빌 뿐이다. 그런데 나는 좀 무딘 점이 많은 것 같다. 그리고 정신 줄을 놓지 않고 공부하면서 살아있으니 말이다. 그야말로 아플 시간도 없고, 그런 생각할 시간조차 없는 것이다. 경영학박사학위를 취득하고 곧장 한성디지털대학교 디지털경학부 학부장 겸 학생처장으로 임용되었다. 그동안 어려운 과정을 겪으면서 인내한 결과의 소산이라고 볼 수 있다.

50대 초반에 공학박사 학위를 취득하게 되어

2002년2월 경남테크노파크 기계산업정보화사업단을 맡아서 경남지역 기계산업 대상 기업 4,877개에 대한 ERP를 맞춤형 시스템으로 개발하여 공급한 것이다. 패키지를 공급하면서 경영컨설팅을 겸해서 실무사용교육과 더불어 시행한 사업이었다. 사업을 종결하고 사업단을 KT회사로 인수하고선 퇴직하게 되었다. 한성디지털대학교의 명에 의해, 1년 동안 파견교수로 의무수행을 종결한 것이다. 그동안 정든 창원시를 떠나기에는 마음이 내키지 않았다. 파견근무 기간 동안 임무를 수행하고 한성디지털대학교에 복귀해야 했다. 그런데 대학재단이 다른 기관으로 넘어가서 복귀가 어렵게 되었다. 그래서 법정문제로 고등법원까지 항소하여 겨우 그동안 급여를 받지 못한 것을 보상금만 받고 복귀할 수가 없었다. 앞이 깜깜했다. 그동안 창원지역에서 알게 된 지인들 도움으로 창원대학교 무역대학원 김용수 교수 도움으로 겸임교수를 맡아 강의하게 되었고, 공인기술지도사 자격으로 경남지역에 있는 기업대상으로 자문과 컨설팅을 수행하였다. 아내와 상의를 했다. 작은딸의 천식으로 공기 좋은 곳인 의왕시로 가기로 하고 혼자 남아 생활비를 마련해야 하는 처지이다. 사무실을 별도로 얻기에는 부담되어 고심 끝에 창원대학교 대학원 공대 박사과정에 입학하여 연구실에서 지내면서 경제활동을 하면, 여러 가지로 경비 절감과 박사과정 공부도 할 수 있어서 좋은 것 같았다. 잠은 찜질방에서 지내고 식사는 대학교 식당을 이용한 것이다. 2주에 1번씩 경기도 의왕시 선경무궁화아파트에 살고 있는 식구들 보러다녀가곤 했다. 인천에서 중고차 다마스를 백만원에 구입하여사무실 겸 숙소로도 이용하기도 하고, 경남지역에 있는 기업들을 방문하는 데 유용하게 이용한 것이다. 1년 동안 지내고 보니, 혼자 떨어져서 지내는 것도 몹시 힘들었다. 그래서 의왕시에서 창원까지 다마스를 몰고 남은 박사과정 공부를 2년6개월동안 매주 2회, 왕복 700Km 이상 되는 거리를 위험 무릅쓰고무리하게 운전하면서 다녔다. 2년 넘게 다니다 보니 의왕시에서 창원대학교까지 5시간이나 소요되지만 바로 이웃에 있는느낌이 들었다. 차 안에서 들리어오는 음악 소리로 마음을 달래기도 했었다. 지도교수는 문덕희 선생(카이스트 박사학위)이다. 나보다 10살 정도 아래지만 마음이 따뜻했다. 졸업논문은자력으로 작성하였지만 어려운 처지를 이해하셨는지 간접적으로 경비를 마련해 주신 데 깊은 감사드린다. 박사과정 동안 왜내가 이런 고생을 사서 해야 하는 건지, 나 자신을 이해할 수없었다. 힘들 때는 막걸리를 마시면서 기분도 전환해 보려고하였지만, 자신의 무능함을 원망도 하고 가끔 대학교 교정에있는 연못가에 앉아 하염없이 눈물을 흘리기도 했었다. 이왕시작한 공부 종결을 짓겠다는 생각이 3년6개월 동안이나 자신의 뇌리에서 늘 떠나지 않았다. 공학박사학위를 받고 나니, 자신과 싸움에서 이겨서 기분이 좋았다. 박사학위를 취득했다고 달라지는 것은 하나도 없는데 마음은 행복했다. 2006년8월18일 학위졸업식 날 지도교수님은 본인의 박사학위 의복을 갈아입고선 연구실 입구에서 기념촬영을 남기자고 한다. 지나고 보니 영광의 졸업식인 것 같았다.

경영학박사와 공학박사 학위 취득으로 서울 양재동에 있는 한국산업연구소에 본부장으로 취업해서 근무하게 되었다. 아마 공학박사학위 취득으로 득을 본 셈이다. 의왕시에서 서울양재동까지 출퇴근하면 연구수주와 연구과제 수행에 시간 가는 줄도 모르고 연구에 몰입하였다. 기회가 있어서 한국공학대학교 전임교수 임용에 채용되어, 정식 전임교수가 되어 근무하게 되어 너무 기뻤다. 공학박사과정과 연구소 연구업무 하는데, 여러 가지 어려운 일들을 인내하며 견디어온 것이 그 대가인 것 같았다.

60대 중반에 이학박사 학위를 취득하게 되어

<노인·장애인 대상 서비스 창업을 준비하면서>

대학교 때, 특수교육을 전공하였다. 대구대학교 특수교육학과는 국내 처음으로 설립된 전공학과인 것이다. 지금은 특수교육학과는 국내 명문학교로 발전된 것이다. 그리고 60대 나이에 재활공학박사학위를 5년에 걸쳐서 이학박사학위를 취득하였다. 대구대학교 재활과학대학 재활공학 전공학과는 국내 최초로 생긴 학과이다. 경기도 의왕시에서 대구대학교 경산시 진량면까지 가는데 5시간 정도 걸렸다. 집에서 버스를 타고 의왕역(전철역)까지 가서, 전철을 이용하여 수원역에 도착한 다음 수원역에서 동대구역까지 열차를 타고, 동대구역에서 전철을 타고 안심역까지 가서 다시 버스를 갈아타야만 대학교 후문 종점까지 갈 수 있었다. 후문에서 걸어서 재활과학관까지 걸어서 도착하는데 총소요시간이 5시간이나 소요된 셈이다. 그리고 이틀간 수업을 청강을 하여야 했다. 수업 다음날 2일째 청강하기 위해서 경산시내까지 나가서 찜질방에서 하루를 지내고, 다음날 다시 강의를 청강하기 위해 버스 타고 학교로 가곤 했었다. 이것을 4년간 했으니, 참으로 힘들었다. 1년을 공부하고는 병원 신세가 되었다. 박사과정을 중단할까 싶었다. 그래

148

서 휴학을 내고 마음을 안정시켜보기도 했었다.

 많은 고심 끝에 이왕 시작한 것을 마무리나 하자는 굳은 결심으로 다시 시작하게 되어, 2014년8월22일 이학박사학위를 취득하였다. 지도교수는 이근민(존스홉킨스대학교 교육학박사학위) 선생이시다. 내 나이는 만60세(한국나이 62세)의 나이였다. 추억의 기념으로 만 60세 때, 제주도대학교에서 개최하는 전기그린스마트 사업 관련 심사를 하고 혼자 한라산 정상까지 등반하였다. 60대에 이학박사학위 취득 기념과 환갑 기념으로 등반한 것이다. 올라갈 때는 쉽게 등정하였지만, 내려올 때 안전휴게실에서 잠시 잠이 들어서 일어나보니 날이 저물기 시작하여 어두운 밤길에 혼자 길을 헤매게 되었다. 마침 대구에서 여행 온 일행 중에서 나보다 늦게 도착하게 된 사람 때문에 도움을 받아 늦지 않게 제주공항에 도착해서 무사히 집에 도착하게 되었다. 고마운 일이었다. 한라산 정상에서 내려올 때, 밤이라 1분이 1시간 같았다. 내려오는 과정이 박사과정과도 같이 힘들었다. 노후에 뜻있는 일이라고 생각해서 역경을 겪더라도 박사과정을 도전해 본 것이다.

 지금은 나이 70세이다. 공인보조공학사 자격도 취득하였고, 재활공학박사학위를 갖고 있으니, 보조공학사 관련된 사업을 하고 싶어진다. 더 늦기 전에 올해 안으로 창업을 준비해서 새해 2023년도에 시작해 볼까 한다. 현재 아내는 암환자로서, 항암치료를 받고 있는 중이라 우선 아내를 위해 치료비를 마련하기 위해서 소방시설감리 직업(공주유구 집에서 홍성 내포신도시까지 승용차로 1시간 소요)과 더불어 주말과 공휴일에는 펜션을 운영해야만 한다. 그래도 보조공학사 관련 사업을 하기 위해 벤치마킹을 하여야 한다. 이번 주, 청주시 양촌리에 있는 케어메디칼 보장수리 전문기관에 방문예약을 하였고, 친우 이건모 교수 아는 지인이 대전에서 운영하고 있는 의료기구 대여 및 판매업을 하고 있는 업체를 방문할 수 있도록 부탁도 했다. 물론 노인·장애인 대상으로 서비스 사업은 쉬운 일은 아니라 생각된다. 친우 이 교수는 사회복지분야 교수이었다. 이 교수는 보조공학사 사업을 하는 것은 힘들고 수익사업으로는 적합하지 않다고 한다. 내 생각으로는 1970년대 대구대학교 특수교육학과를 다닐 적에는 아주 초라하였다. 그러나 지금 대구대학교 특수교육학과는 국내에서 가장 좋은 명문학과가 되었고, 그뿐만 아니라 많은 발전을 해 왔고, 국가에서는 장애 관련 사업에 지원을 아끼지 않고 있다. 그동안 특수교육분야가 많은 발전을 거듭해온 것이다. 그래서 나도 재활공학 분야에 뛰어들고 싶어진 것이다. 약한 자를 위한 봉사에 참여하는 숭고함의 불꽃을 피우려는 의지의 표출로 꿈을 간직해 본다.

시니어의 보람된 삶을 위해

-보조공학의 이해-

한국보조공학사협회에서 출간한 "보조공학총론"에서 정의한 보조공학의 정의는 다음과 같다. 보조공학(Assistive Technology)이란 용어는 1980년대 초반부터 미국에서 사용되기 시작했다. 그전에는 특수교육공학(Special Education Technology), 재활공학(Rehabilitation Technology), 재활엔지니어링(Rehabilitation Engineering), 테크니컬 에이드(Technical Aid)란 용어를 사용했다. 보조공학은 장애인들이 직면한 문제들을 다양한 기구, 서비스, 보상방법, 그리고 실습을 통해 착상 및 응용을 하여 개선시키는 기술을 의미한다 (Brain & Lager, 1997; Cook & Hassey,1995). 1998년 재정된 보조공학법에는 보조공학기기(Assistive Technology Device)와 보조공학 서비스(Assistive Technology Service)에 대해 정의해 놓았다. 보조공학기기는 "장애를 가진 개인의 기능적 능력을 증진, 유지, 향상시키기 위해 사용되어지는, 시중에서 구할 수 있는 기성품이나, 개조 또는 주문 제작된 장치나 제작 도구"를 말하며, 보조공학 서비스는 "장애인에 관련된 보조기구를 선정, 구입, 사용 등을 직접적으로 보조하는 모든 서비스"를 말하며 다음과 같은 6가지의 서비스를 포함한다.

①장애인의 기능평가
②보조공학기기의 구입 시 서비스, 구매 또는 대여
③보조공학기기의 선택, 디자인, 맞춤, 개조, 대체, 응용, 유

지, 수리 및 교체

④현재의 교육 및 재활 계획과 프로그램에 관련된 보조공학 기기를 활용한 치료, 중재서비스 조정 및 사용

⑤장애인 및 가족을 대상으로 하는 기술적인 훈련 및 보조

⑥고용주, 전문가, 서비스인을 대상으로 하는 기술적인 훈련 및 보조(Assistive Technology Act, 1998; 34 CFR Part 300), 이와 같이 보조공학은 평가에서 부터 시작해서 기기를 개발하고 임상적으로 적용하는 것까지 모두 포함한다.

특수교육공학은 실제로 장애인을 위해 사용되는 일반 공학을 포함하며 특수교육 학습에 이용되는 컴퓨터 보조교수에 중심을 두는 것이다. 재활공학은 보상 방법 및 기구를 사용함으로써 장애인의 기능(삶의 질)을 증진, 유지, 향상시키는 기술을 말한다. 재활공학은 보편적으로 임상 서비스 성격과 재활엔지니어링 처럼 새로운 기술을 디자인해서 개발하는 성격을 가지고 있다. 재활엔지니어링은 체계적인 기술응용, 엔지니어링 방법론 또는 과학적인 원리 서비스를 통해 장애인들이 직면하고 있는 교육, 재활, 직업, 교통, 독립생활, 레크리에이션에 대한 장애물을 충족시키는 것이다(Cook & Hussy,1995). 재활엔지니어링은 새로운 기술을 디자인해서 개발하는 측면에서 다른 용어들과 차이점이 있다.

앞서 살펴본 바와 같이 보조공학, 재활공학, 특수교육공학, 재

활엔지니어링은 그 개념이 유사하고 추구하는 바도 유사하다. 하지만 미국의 예들을 보면 각각의 용어들이 해당하는 영역들 나름대로의 특성을 최대한 살리고, 보다 효과적이고 효율적인 서비스를 제공하고자 노력하고 있음을 알 수 있다. 보조공학, 재활공학, 특수교육공학 그리고 재활엔지니어링을 연령별로 살펴보자.

먼저 특수교육공학은 학습과 관련된 내용이 포함되기 때문에 유치원에서 고등학교까지의 교육을 받는 장애학생이 주 대상이다. 재활공학과 재활엔지니어링은 재활이라는 용어 때문에 장애 성인이 주 대상이다. 보조공학의 특징은 연령과 영역에 구애를 받지 않는다는 것이다. 그러므로 보조공학은 유아에서 부터 노인에 이르기까지 모든 연령을 포함하며 임상 서비스에서 부터 기기 디자인 및 개발까지 포함한다. 보조공학 범주하에 재활공학, 특수교육공학, 재활엔지니어링, 그리고 의지보장구까지를 포함되는 것이다.

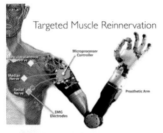

디지털콘텐츠기업 성장지원센터
2019.11.7.10:48

2014년도 재활공학박사학위
대구대 본관교정

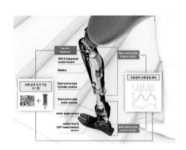

전자신문 : 2022.07.22.
5면 참조

디지털콘텐츠기업 성장지원센터
2019.12.2.11:40

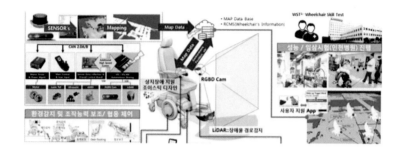

세이프타임즈 2023.03.18.07:20

교감과 감성

세상은 환경조화로 균형을 이루고
세월 따라 세상은 변해 간다.

환경의 이치는 조화를 이루고
모든 물질은 환경에 영향을 받아
변모해져 간다.

인간은 변화되는 환경 속에서
적응하기 위해 꿈틀거리고
다양한 곳에 소속되어
저마다 살기 위해 노력을 한다.

21세기 변화된 조화는
융합으로 얽혀져 있고
지식·기술이 융합되어

편리성을 주기도 한다.

인공지능의 알파고가 탄생되어
우리들의 일자리마저 위협하고 있다.

인간은 생존하기 위해
일자리를 마련해야 하고
새로운 일을 창조하려는
노력도 한다.

그런데

우리는 세상살이에 경험하며
삶을 영유하지만
인간 간의 교감과 감성이
삶에 필요한 윤활유가 된다.

교감과 감성이 없다면
정신적 생명력을 잃고
우두커니 외딴곳에 서 있는
한 그루의 겨울나무가 된다.

대학교수 퇴직하고 제2의 인생준비

백두산의
호랑이같이

주는 음식만 먹고사는 길들인 짐승 보다
산정 높이 올라가 굶어서 얼어 죽는 눈 덮인
백두산의 호랑이가 되고 싶다
자고나면 초라해지는 지금 나는
어두운 산골짜기에서 잠시 쉬고 있다
야망에 찬 도시의 그 불빛 어디에도 나는 없다
이 큰 도시의 복판에 이렇듯 철저히 배척당한들
무슨 상관이랴
나보다 더 불행하게 살다간 고독한 사나이도 있는데

살아가는 일이 허전하고 마음이 아플 때 그것을
위안해줄 사람 아무것도 없어도
보잘 것 없는 나에게

세상은 더욱 고독하게 요구할지라도
사랑을 찾아 고독을 딛고 일어서서
내 청춘 모든 것에 희망을 걸고 싶다.

바람처럼 왔다가 이슬처럼 갈순 없잖아
내가 산 흔적일랑 남겨둬야지
한줄기 연기처럼 감쪽같이 사라져도
빛나는 불꽃으로 타올라야지
묻지를 마라 왜냐고 왜 그렇게 높은 곳까지 오르려
애쓰는지 묻지를 마라
고독한 자의 불타는 영혼
아는 이 없어도 좋다

이상은 외로운 건, 운명으로
모든 것을 거니까 외로운 거야
야망도 이상도 모두를 요구로
건다는 건 외로운 거야
야망이란 실패가 보이며 절망
절망의 마지막엔 무엇이 있나
모두를 잃는 것이지 않겠는가.

그러나

사랑에는 이 모두를 건다는 건 후회 않는 것
그래야 사랑했다 할 수 있겠지
그런 세상을 새삼스레 아름답게 보이게 하는 건
사랑 때문이라구
그래 사랑으로 이상과 야망을 이끌어내면
또 다른 아름다운 세상으로 꾸밀 수 있겠구나

구름인가 눈인가 저 높은 곳 백두산 자락
오늘도 나는 배낭을 매고 산에서 만나는 고독과
함께하면 그대로 산에 파묻힌들 어떠하리

아무리 깊은 밤 일지라도
한 가닥 불빛으로 나는 남으리
메마르고 타버린 땅일 지라도
한줄기 맑은 물소리로 나는 남으리

거센 폭풍우 초목을 휩쓸어도
꺾이지 않는 한그루 나무가 되리
내가 지금 이 세상을 살고 있는 것은
미래의 세계가 간절히 나를 원했기 때문이야

조용필의 킬리만자로의 표범 노래가사 내용을, 나의 사랑 입장을 긍정적으로 재정리해 보았다. 2017년2월17일 한국공학대학교에서 학생들과 교수님들의 퇴임 환송회를 마련해 주었다. 학부장 안동희 교수를 포함해서 경영학부 교수님들의 성의에 고마웠다. 황금열쇄와 퇴임 패 그리고 꽃다발을 마련해 주었다. 노성호 교수와 함께 퇴임하는 자리이기도 하다. 김성수 교수, 백낙기 교수 등 마지막 식사를 하였고, 그동안 정든 학교 정원과 연구실 등 캠퍼스를 한 바퀴 돌면서 학교를 떠나야 했다. 학교에 처음 채용되었을 때 우리 가족들과 얼마나 기쁘고 좋았지 않았던가? 세월은 너무 빠른 것 같다. 김형욱 교수 말씀처럼 이제부터 제2의 인생이 시작된다는 데 현실이 닦아온 것이다. 아내 영어학원을 하는데 도와주면서 무엇을 할 것인지 고민을 해 봐야 하겠다. 그런데 8년간 정든 대학교 교단에서 물러나는 자신이 왠지 섭섭하다. 지금까지 대학원 공부만도 20년 넘게 하였다. 나만큼 장기간에 걸쳐서 공부를 끊임없이 유지해온 사람도 극히 드문 일이다. 그동안 공부와 싸웠고, 지금도 상담심리학과에서 전공과목을 수강하면서 공부와 싸우니 말이다. 앞으로 당분간 무엇을 해야 하는지 곰곰이 생각하면서 지내고 싶다. 우선 아내의 잉글리쉬무무 영어학원에서 수학을 가르치면서 함께 해야 하겠다. 아내의 요청에 의해 영어전문학원에서 영수전문학원으로 확대하자고 한다. 일주일에 3일간 시간을 내어서 중·고등학생 중심으로 가르쳤다. 고등학교 수학교사 시절로 되돌아간 기분이기도 하다. 나머지 2~3일은 기업자문과 컨설팅 수행하고, 틈틈이 시간을 내어 탁구장에 가서 탁구 지도를 받고, 기타교습, 난타장구 등을 배우고, 안양평생원에 가서 주부나 퇴직자 대상으로 특별강의로 봉사 활동을 하면서 지냈다.

현재는 고려사이버대학교에서 4학년 재학 중에 있다. 금년도 8월이면, 기계제어공학, 전기전자공학, 상담심리학 3개 분야 학사학위를 취득하게 된다. 1978년 경북진량고등학교 교사, 대구경산공업고등학교 교사 경력과 한국공학대학교 경력을 합산하려 사학공단에 방문하여 신고하고, 연금처리를 하였다. 사학연금으로는 매월 37만원, 국민연금은 IMF 때 찾은 돈을 갚게 되면(26,877,300원), 국민연금으로는 89만원에다 부인 수당 20,000원 포함하면 91만원을 매월 받게 된다. 사학연금과 국민연금을 합하면, 매월 128만원을 받게 된다. 벌써 노령연금을 받는 나이가 되었으니, 내 나이가 만 63세(한국나이 65세)가 되는 것이다.

오늘 화성시 병점역 부근 국민연금공단과 국민건강보험공단을 방문하여 대학에서 6년간 저축한 33,610,560원을 타서, IMF 때 돈이 필요해서 연금을 목돈을 받아 이를 반납하기 위해 26,877,730원과 고등학교 교사시절에 사학연금을 받은 것을 갚기 위해서 5,424,570원 모두 갚았다. 남은 돈은 1,308,260원이 남았다. 나도 연금을 다음 달 4월부터 매월 128만원(배우자 2만원 수당 포함)을 받게 된다. 그리고 국민건강보험공단 화성지역구도 같은 건물 내 2층에 있어서 집사람 앞으로 신고하여 14만원에서 182,160원으로 약 3만4천원 정도 증액이 늘어났다. 작은아들 앞으로 건강보험을 이적할 것을 집사람과 논의 하고 싶다.

개별적으로 월 수익에 따라 다음과 같이 연금액이 차감 된다. 만65세가 되면, 그 후로는 수익과 관계없이 삭감과 무관하다고 한다.

초과소득 월액	100만원 미만	100~200 만원미만	200~300 만원미만	300~400 만원미만	400만원 이상
월 감액금액	0~5만원 미만	5~15만 원 미만	15~30만 원 미만	30~50만 원 미만	50만원 이상

가능한 작은딸을 대학 졸업하는 날까지 뒷바라지를 해야 한다. 기업자문과 컨설팅 수행으로 작은딸 등록금은 충분히 낼수 있었다. 아내는 매월 100만원~120만원을 생활비와 월세 지원해 주고 있었다. 아내는 오래 동안 신경통을 앓고 있다. 진통제와 청량리 제기동에 1달에 한번씩 대신 정신안정제 약을 타오면 약을 복용하면서 학원을 운영하기에 몹시 힘들어 한다.

만65세 이상이 되면 월 수익과 관계없이 연금은 100% 탈 수 있다고 한다. 건강보험료 관련해서, 작은아들에게 부탁하기 보다는 자립으로 해결방안을 찾아야 하겠다. 그래서 학력과 경력 및 자격증을 이용할 수 있는지 알아보기로 했다. 소방시설 기술자로 협회에 등록하고 시설업체 요청에 의해 건강보험이 해결되었고, 매월 35만원을 받게 되었다. 공학박사학위로 중급 자격과 사이버대학교 전기전자공학사로 초급기술자 자격을 받을 수 있었으니 말이다. 국비장학생으로 입학금과 등록금 100% 지원받을 수 있는 군산대학교 일반대학원에 입학하였다. 매주 이틀간은 대학원 건설기계공학과 수업을 받기 위해 시외버스나 열차를 타고 다녔다. 무언지 몰라도 퇴직하니까 더 바빠진다.

농협 老人[노인] 전철무료 이용카드 받고
처음으로 전철무료 이용하니
나도 노인 惠澤[혜택] 받는구나 싶었다.

수원에서 범계역까지 사용료 0원이라
순간 기분 좋았다가 왠지 섭섭한 마음
활동능력 제안 받아 젊음 時代[시대] 그립다.

추운겨울 보다 봄여름가을이 좋아라!
복잡한 도시보다 한가로운 小都市[소도시]가 편안하니
노인 되고 보니 마음도 그런가본다.

만66세에 또 하나의 석사학위 취득

 어제가 소한 따뜻한 봄 날씨라 겨울 같지 않는 계절이다. 군산대 대학원 석사과정을 인쇄된 논문을 제출하고, 졸업예정증명서를 안양시 동안 비산3동 주민센터에서 무료로 FAX서비스를 받고선 비로소 석사과정이 끝났구나 싶다. 2년6개월간의 긴 세월이 잠시 눈 깜박한 사이에 지나가 버렸다. 논문의 내용의 질은 박사학위 논문(제목 : 구조방정식 모형을 이용한 건설기계 산업분야의 직업훈련이 기술인의 숙련 향상에 미치는 효과)보다도 더 좋은 것 같다. 군산시내에 가서 대학연구실이나 찜질방에서 숙박을 한 것이다. 대학원 과정을 수강하면서 밤늦게까지 연구도 게을리 하지 않아 평점이 4.29학점을 얻기도 했다. 2년6개월간 고생한 지난 세월이 마음이 찡하게 느껴지기도 한다. 늦은 나이에 원생 동료나 교수님들을 대하기가 쉽지 않았다. 수강담당 교수님들마저 부담스럽게 맞아주니 더욱 그리하다. 아무튼 만66세(한국나이 68세)에 획득한 공학석사학위이다. 2월20일이 졸업식이라 하니, 그동안 석사과정과 논문을 작성하는 과정과 일본 기계로봇산업 견학 등 많은 경험들이 새삼스럽게 떠오르게 한다. 지도교수인 이신영(서울대학교 기계공학박사학위) 교수님의 배려로 연구실 이용과 논문지도에 감사드린다. 그동안 여럿 대학원 과정 중에서 기계공학 과정이 가장 어려웠고 힘든 과정이라 본다. 그래서 과정을 마치고 나니 보람을 느껴진다. 비로소 인생의 텃밭에 영양 많은 거름을 뿌렸다고나 할까.

오늘 새벽까지 制御시스템工學,
메카트로닉스工學 과제를 연구하며
원하는 과제를 마무리 하였구나!

망막한 마음 홀가분한 기분이 들고
늦은 잠 행복한 마음 간적하며
황홀한 잠에 빠져 버렸구나!

尖端 MATLAB 툴
서툴지만, 새로운 기술분야
거북이 처럼 묵묵히 해내고 보니
자신감 생기고, 새로운 맛 경험 하였구나!

만66세가 되니 김형석 명예교수처럼 "100년을 살아보니" 책 내용에서와 같이 60세에서 75세까지 가장 행복하였다고 하는 시기에 나는 공부하고 연구해야 하니 딱하기도 하다. 어제 인천에 있는 인하대학교 대학원 글로벌산업·환경융합학과 박사과정에 입학원서를 내었다. 기회는 좋을 것 같다. 학비장학생 그리고 매월 생활비 90여만원을 지원하는 국가양성과정이다. 지도교수 홍용우 교수님의 배려와 관심으로 늦은 나이 만66세 나이도 받아주니 고맙다. 먼저 3일전에 5호관 565호실에서 1시간 가량 대기후에 교수를 뵙고 얘기를 나누었다. 모든 학비를 지원할 수 있는 방안을 문의하고 원서를 작성하는 데 도움을 주었다. 그리고 어제 인하대학교 본관 대학원행정실에 가서 원서를 제출한 것이다. 아침에 아내와 상의를 했다. 월90만원 받고 일할 수 있는 연구소에 가도 되는가를 얘기하니 자기에게 월50만원만 주면 되니 허락하는 것이다. 부인은 연금과 50만원으로 생활비는 되니, 내가 좋아하는 공부와 연구할 수 있어서 좋다. 박사과정3년~4년 소요예상을 한다면, 내 나이는 70살에 박사학위를 받게 되는 것이다. 선천께서는 70세에 하늘나라에 가셨다. 나는 몇 살까지 살 수 있을지 궁금하다. 개인적으로 술을 먹지 않는 시기가 만2년이 되었고, 채식주의자로 실천한지 1개월이 되었다. 몸의 적립성, 각종 염증 들이 차츰 호전되고 있으니 몸도 좋아지는 것 같다. 미국의사인 "맥두걸 박사의 자연식물식" 책을 읽으면서 채식이 건강에 매우 밀접한 관계를 갖는다는 것을 알고선 앞으로 현미, 채소와 과일로만 먹을 것으로 다짐한다면 암과 성인병은 해결될 것으로 믿는다. 김형석 명예교수님 처럼 생활 속에서 운동하는 습관을 갖고 싶어진다. 그러면 건강과 행복은 저절로 덤으로 얻게 될 것이다.

주민센터에서 교육프로그램 중에 기타과정이 있다. 인하대 박사과정에 원서를 내고 곧장 집에 가서 기타를 매고 주민센터 3층 기타반에 들어섰다. 20명쯤 장년층 남녀 수강생이 모여 여강사(45세)가 기초와 자세부터 자상하게 가르쳐 주고 있다. 여태까지 기타를 쳤지만, 자세와 기타를 잡는 방법이나 swing 하는 방식과 기타줄 음조률을 알려 줄 분은 처음 있는 일이다. 강사가 마음에 들어서 수강해야 겠다는 생각이 들어 신청입금 45,000원 3개월분을 입금시켰다. 여강사는 마음이 좋고 친절하다. 앞으로 2개월을 열심히 배우고 싶다. 그런데 일이 있으면 주2회(월,수 오후 4시30분-6시30분) 2시간씩 배우는 것도 쉽지 않을 것 같다. 하는 데까지 해보기로 하자. 인생은 미완성이라는 노래를 기타의 음률로 넓은 삶의 들판을 걸으며 흩어지게 뿌리고 싶었다.

생활 보탬 되기 위한 또다시 무모한 박사과정 도전

작년 10월부터 코로나 전염병으로 세계가 떠들썩하다. 중국 우한시에서 처음으로 발생되어 1,500명 이상이 사망하고 4만5천명 이상이 확진환자가 발생되기도 한다. 국내도 28명의 확진환자 발생으로 격리치료로 6~8명 환자가 완치되었고, 국내에는 철저한 예방활동을 하고 있어서 많이 진정되는 것 같다. 중국은 하루에도 수백 명의 사망과 수천 명의 확진자가 발생되고 있다는 실정이다.

내 나이 만66세에 군산대 일반대학원 건설기계공학 석사과정을 마치고, 인하대 대학원 박사과정에 입학하게 되었다. 인하비전 장학생으로 입학금과 등록금 100% 혜택과 매월 100만원씩 생활비를 받아가면서 공부할 수 있는 기회가 주어진 것이다. 박사학위를 받게 되면 70세가 넘게 되는 것이다. 한국은 만65세가 넘게 되면 취업이 되지 않는다. 매월 100만원을 받을 수 있는 것이라 어려운 박사과정을 택해야만 하는 처지이다. 아직 작은딸이 대학교 제학 중이라 학비를 마련해야 하기에 힘들지만 또다시 무모한 일이지만 박사과정에 입학한 것이다.

2월3일 AI협동조합 설립을 위해 공주시에 접수 시켰다. 5명의 발기인과 조합원 1명, 모두 6명이 각자 20만원씩 내고 창립한 것이다. 나는 이사장직을 맡게 되어서 부담되는 것이다. 올한해는 공부와 사업을 동시에 해야 하는 부담이 나에게 무거운 짐을 지게 되는 것이다. 할 수 있는지 나 자신도 모르는 일이다. 이왕 시작한 일을 해보기로 한다. 생활의 어려움을 해소하기 위한 몸부림치는 자신이 애처로워진다.

　그 이후로 안양에서 인천까지 대학을 다닐 수 있었다. 박사과정에는 2명, 석사과정은 15명이나 되었다. 막상 다녀 보니까 수업은 따라갈 수 있으나 주로 이론적이고 과제수행도 보고서 위주인 것 같다. 이런 과정은 경영학이나 산업공학과 다를 바 없는 것 같다. 그래도 산업공학은 시뮬레이션 툴(Tool)을 이용하는 점이 있었는데, 환경공학분야에도 서비스 이론적인 연구 수준이라 기대했던 뜻 것과는 너무 다르게 수업을 진행하는 것이다. 왠지 갈등이 생기게 된 것이다. 때마침 안양시비산 3동 종합운동장 지역이 대대적으로 재개발이 시작되었다. 할 수 없이 아내와 학원을 접어야만 했다. 보상을 삼천칠백만원을 받고 곧장 살던 집에서 공주동해리 별장으로 이사 가게 된 것이다. 그래서 갈등이 있는 차에 대학원까지 너무 멀기도 하고, 소방설비회사 적을 두고 건강보험료 납부와 매월 수익 30만원 받은 것도 문제가 되기도 해서 자퇴를 내게 된 것이다. 시원섭섭하기도 했다. 3개월간 대학원 오가면서 고생과 비용만 낭비한 셈이다. 그 대신 공주별장에서 사업장으로 하고, 충청지역과 호남지역을 대상으로 컨설팅을 수행하게 된 것이다. 컨설팅은 스마트공장 도입에 대한 코디네이터와 심사평가, 국가과제 평가심사 등을 수행하기가 바쁘게 활동하게 된 것이다. 9월부터는 세종시 지역 신동아건설에서 추진하는 신축아파트공사장에 소방시설감리로 근무하게 되었다. 공주집에서 세종시 아파트건설현장까지 27km 거리에 출퇴근을 한 것이다.

70대를 대비한 준비 /

의지와 도전의 무한대 그 생각의 종착역에 이르러.

아침새벽에 아내가 병원을 가기 위해 서둘렀다. 아내는 두통으로 14년간 고통 속에서 견디어 왔지만, 결맹자와 오미자를 달아 먹고서 잠시 나아진 것 같았는데 "비정형 얼굴 신경통"이라는 병명을 갖게 되었다. 아침 일찍이 배방역에 오전8시 청량리 급행전철을 타기로 되어 있었어, 시간 내 도착하기 위해 함께 승용차로 데려다 주었다. 천주님께 고마움을 기도드렸다. 새벽 5시경에, 최근 몇 일간 반복적으로 같은 생각으로 기도를 드렸다.

"저에게 잘살 수 있게 도와주신 주님께 감사드립니다."
"이곳 공주동해리에서 아내와 함께 지낼 수 있어
너무 행복합니다."
"천국이 어떠한 곳인지는 모르나,
이곳은 사계절을 마음껏 즐길 수가 있습니다."

라고 말이다. 긍정적인 마음으로 받아들임만이 주님의 뜻이고 궁극의 사랑이기 때문이다. 지금 전국 명당 10승지인 이곳 공주동해리에 한옥 저택과 6평 소형주택 등을 보유하면서 살고 있으니 말이다. 이것이면 족하다. 욕망의 무한대에 편승할 때 불행의 싹이 돋아나지 아니 한가. 그리고 가장 중요한 것은 아들딸들이 나름대로 잘 살아가는 모습 등이 고맙기만 하다. 올해 60대 마지막 12월 달이라 지나간 추억들이 영화 필름처럼 스쳐 지나간다.

그동안 나 자신은 어떻게 살아왔는지 생각만 해도 파란만장한 일들이 많았다. 한국나이로 70세가 바로 다음 달이라 더욱 마음이 참참하기만 하다. 저세상에서 나를 기다리고 계시는 할머니, 아버지 그리고 어머니께서 행복해 하시는 것만 같다. 남이 어리석고 우둔하다고 하는 나 자신에게 공부를 그렇게도 많이 할 수가 있는지, 나와 같은 이는 세상 그 어디에도 없을 것 같다. 그동안 그렇게 공부를 많이 하고도, 쉼도 없이 디지털건축도시공학 3학년에 학사편입을 해서 다니고 있으니 말이다.

지금은 9월1일부터 세종특별자치시 6-3생활권 신동아건설 아파트 단지 공사장에서 소방감리를 수행하기 위해 매일 출퇴근하면서 매월 300만원 월급을 받으면서 근무하고 있고, 소방업무와 소방기사자격을 취득하기 위해 공부를 겸하면서 시간을 보내고 있다. 늦은 나이에 젊은이들이 공부하는 기사자격 준비를 하는 것이 부담이 든다. 올해는 많은 일들 하기도 했다. 전남지역 기업들을 대상으로 스마트공장 코디네이터, 스마트공장 심사활동, 빅 데이터 태양광 운영 과제, 대학공부 등을 하였고, 도담도담한옥키즈펜션을 창업하여 올 8월1일 사업자

등록을 하고선, 8월14일 첫 손님 인천사람을 맞이하였다. 그 후론 주말마다 손님이 끊임없이 맞이하게 되었다. 그 와중에 지열공사(정부와 지자체 지원금 2천만원, 자부담 4백만원), 마당정리, 창고정리, 화목 참나무 땔감 등을 정리하였다. 시골살이가 도시생활을 할 때보다도 더 많은 일이 생기고 활동도 더 많이 하게 되었다. 어느 곳에 있든 하기 나름인 것 같다.

귀띔

6평짜리 집에 혼잡한 집안 살림살이
깨끗하게 청소하고 정리를 해보니
작은 평수가 차라리
세상 부대낀 마음에 넓은 평원을 펼친다

폭넓은 사회생활도
정리정돈으로 불필요한 것을
정리해 보라는 이 귀띔에
온 몸이 솔깃해지는 지금

온종일, 공주·청양·부여 오고 가며
컨설팅 수행하려 차를 몰고
지친 피로한 몸으로 낮잠을 청하였더니
꿈속 번뇌가 자유로워 졌구나!

취미생활이라는 윤활유

　누구나 한두 개쯤 자기가 좋아하는 취미활동을 하고 있을 것이다. 취미생활은 삶에 새로운 활력소의 역할을 하는 것이라 생각이 든다. 그러기 때문에 대다수 사람들은 자신에게 맞는 취미생활을 찾아서 즐기고 있는 것 같다. 나 역시 자신이 68년 넘는 세월 동안 꾸준하게 공부하면서, 사회생활을 해 올 수 있었던 이유는 공부와 연구를 하는 시간 외에 다양한 취미생활을 겸하면서 즐겼기 때문에 가능했다.

> "취미생활은 삶의 윤활유이며
> 때로는 삶의 보석처럼 스스로 빛난다"

　라는 말에 동의한다. 일할 때는 최선을 다해 열심히 일하고, 즐길 때는 여유롭게 즐길 수 있는 게 참된 인간의 바람직한 생활이라고 여겨진다. 어떤 것이라도 취미생활을 하기를 권한다. 그러면 즐거운 삶의 꽃을 피울 수 있다고 본다. 어떤 일이든 깊이 파고들기 시작하면 진지함이 넘치고, 자신만의 시선과 취향대로 사소한 것까지 공들여 집중력을 끼울 수 있게 하는 것도 취미생활이 많은 영향을 준다. 즉 힘든 공부와 연구활동을 계속하게 하는데 윤활유 역할인 취미활동인 것이다.

"100세 인생의 시대에 살아가는 노인들이여,"
"집안에서 우울의 방석에 우두커니 앉아 있지만 말고"
"취미생활의 윤활유를 뿌리며,
취미생활의 빛나는 그 보석을 어루만지자."

나에게는 일반적인 개념의 취미라고는 특별한 것이 없어서 고민해볼 필요가 있는 것 같았다. 다만, 즉흥적으로 색소폰, 기타 등에 접해 보았지만 시간이 부족해서 제대로 해내지 못하였다. 지금은 자연 속에서 더불어 삶과 함께하기 위해서, 공주동 해리에 전원주택 400평쯤 정원 겸 텃밭으로 이용하고 있고 별장집도 포함되어, 별장을 키즈펜션 운영으로 주말마다 이용객을 맞이하고 있다. 아내와 늘 뒷산 넘어서 밤도 줍고, 자연풍경과 시골분위기를 즐기면서 지내고 있다. 그리고 약 50Km 거리에 있는 홍성 내포신도시내 아파트단지 건립(반도건설)하는데 소방시설감리를 하기 위해 매일 출퇴근도 한다. 아내의 암 치료 병원비를 마련하기 위해서라도 돈을 벌어야 한다. 오로지 나만이 즐기려는 취미생활의 주축이기도 하다.

시인이기 때문에 시도 쓰고, 살아온 흔적들을 낱낱이 적어 오기도 했다. 그동안 평범한 생활 속에서 부딪친 일들과 매료된 자연, 내 의지의 흔적들, 특히 큰 병에 시달리는 아내에 대한 스스로의 지고[1]의 관심과 참회와 사랑을 담아 볼까하여 생각

---

1 하고자 하는 욕망의 뜻을 표시하는 말

을 모은 수상집 발간을 계획한 것이다.

 이런 계획과 더불어 공주에서 230Km 떨어진 곳(경북 영양군 압암면 삼산리)에 있는 임야 3.3ha 정도를 구입하고 싶어진다. 임업인과 임업후계인이 되어 산 약초와 과실주를 재배하면서, 임야 앞에 낙동강 상류지역이기도 한 곳에서 낚시와 동해바다 25분 거리에 있는 곳에 보트를 구입하여 여가를 취미 삼아 생활해 볼까 한다. 물론 요트와 보트 운행 자격증을 갖고 있어서, 이를 이용하고 싶기도 하다.

 100세까지 살 수 있다면, 나머지 인생 취미생활과 임업인, 그리고 컨설턴트 수행, 책을 쓰면서, 인생을 즐겁게 지내보고자 한다. 글을 쓰면서 다시 나의 입장을 재정리할 수 있는 계기가 된 것 같다. 시간이 나면, 그동안 30여 간 국내기업 근무와 자문한 경영 토대로 해서, 국내 기업경영에 보탬이 되는 컨설팅 수행에 대한 저서도 쓰고 싶다.

60대 위한 컨설턴트 역량 강화

　정성훈 강사의 전략적인재경영(SHR) 3일간 교육 중 3일째 아침에 인재경영 마중물 1,2,3,호를 읽고 느낀 점이다. 참으로 열정과 끝임 없는 노력의 산실이라 할 수 있다. 인사관리를 쉽게 여겼던 나 자신을 반성하게 된 동기를 부여받게 되었다. 결국, 인간이 모든 것을 계획하고 이루게 되는 것이다. 기업문화를 조성하고, 인재발굴과 인재개발을 그 시대와 그 환경에 부합된 인재를 등장시키려면 반듯이 수행해야만 하는 것이다. 나 자신에 대한 전략적으로 인재가 되기 위해 준비와 다양한 지식을 배우고 습득하였지만, 전략적으로 인간답게 활동하고 사회를 위해 재능기부를 제대로 하지 않았다. 비로소 나는 반성한다. 한심하기도 하다. 인생 황혼기에 접어든 지금 반성하니 더욱 민망하다. 오늘 정성훈 선생님께 겸손하게 자신을 반성하게 해준데 감사드린다고 애기를 전하고 싶다.

　전국 코로나19로 어제는 580명이나 넘었다. 건강조심과 코로나에 걸리지 않게 조심하면서 오늘 마지막 강의를 수강하기 위해, 공주동해리에서 서울 양재동 청계산입구역 한국경영기술지도사 교육장에 가는 데 3시간이나 소요한 것이다.

어제는 동생 상훈이를 오래간만에 만나 저녁식사 칼국수를 함께 들고, 커피를 마시면서 그동안 지낸 얘기를 나누었다. 동생은 재혼으로 잘 살려고 애를 쓰고 있고, 퇴직 후, 노후 준비를 위해 공인중개사, 행정사, 법무사 등 다양한 자격증을 취득하였다. Two Job을 위해 물색하고 있으니 대단하게 여기고 싶다. 동생 마음은 편하지 않을 것이다. 작년에 수현이를 잃고 곁으로는 태연하지만, 마음속을 태우고 있다. 위로해 주고 싶지만, 본인이 잊고 싶어서 분주하게 활동하는 것을 보니 다행스럽다.

저녁에 김영탁 이사와 함께 저녁식사를 사당동에서 함께 하고, 포장마차에서 오뎅을 먹었다. 그는 열심히 컨설팅에 대한 다양한 교육과 관심을 갖고 활동을 한다. 에이아이협동조합을 위해 총무역할을 하고, 기업회생과정 총무 재무총장을 맡아 사회활동을 위해 노력하고 있어서 보기 좋았다. 동생 같은 생각이 든다. 그리고 챙겨주고 싶어진다. 11월30일 토요일 전주에서 에이아이협동조합 세미나 모임을 코로나19 확대로 인해 연기하기로 하였다. 기업회생 법원에서 감사나 감사위원, 선임감사위원, CRO(기업구조조정위원) 모집에 응시도 했지만 소식이 없다. 대구지법에서 감사 45명 모집에 응시하였고 기대해보고 싶다. 아마 쉽지 않은 것 같다. 청주와 부산지법원에서 선임감사위원을 각 1명식 뽑는다. 지원하기 망설여진다. 알고 보니 만60세 이후로는 법원에서 선발하지 않은 것을 알고선 실망했다. 기업파생과정 교육비만 해도 300만원은 정도인데 어려운 처지에 낭비한 셈이다. 그러나 기업파생 공부한 것만으로 위안이 된다.

컨설턴트의 역량을 갖추려면, 필요에 따라 공부를 산업분야에 맞는 전공들을 찾아서 최소한 전공별로 수년간 전문학습을 습득하여야만, 서로 다른 전문가들과 소통하고 리드(Leader) 내지는 코디네이터를 할 수 있는 것이다. 그래야만 전문기술 매니저가 될 수 있는 것이다. 한 예로서 자동차 분야를 살펴본다면, 기계, 전기, 전자, 통신, 메카, IT, 산업디자인, 인체공학, 산업공학, 안전공학 등 다양한 전공들로 융합된 산업 축소판이다. 전공은 한 분야만으로는 적응하기가 현실적으로 부족하다. 다양한 전공을 습득하여 융합적이고 종합적인 관점에서 문제 해를 풀어야 한다. 중견기업의 현장 공장을 방문해 보면, 공장자동화, ERP, POP, Bar code, 로봇공학, 제어공학, SCM 등 스마트공장 인프라가 복합적으로 엉키어져 있다. 다양한 경험을 통해 습득하고 이해하여야만 컨설턴트 자질을 갖추었다고 볼 수 있다. 그리고 기업 규모에 따라 기업경영을 다르게 운영되고 있다. 또한, 업종에 따라 경영전략이 다르게 정립되어야 하고, 시기적으로 환경변화에 따라 대처하는 방식이 다르다. 경영분야에는 경영전략, 마케팅, 재무관리, 인사관리, ERP 등이며, 생산현장 분야에는 공정관리, 생산관리, 품질관리, 물류관리, 자동화관리, 원가관리, 재고관리, MES 등이다. 기업 간의 물류관리는 SCM이 대표적이다. 컨설턴트는 경영관리와 생산현장관리로 크게 나누어서 업무를 수행한다. 한 기업의 성장과정에 따라 다르게 접근하여야 하고, 또한 조직의 수준에 따라서도 다르게 적용해야 한다. 사람의 성장과정에 따라 교육을 다르게 배우는 것과 같이, 기업의 성장에 따라 다르게 코칭을 하여야 한다. 차후에 30여년간 기업 규모별로 다양한 컨설턴트 경험한 내용을 정리하여 저서를 출간할 예정이다. 주 내용은 현장 중심의 컨설팅 수행 사례와 수행과정(process)에 대하여 상세하게 설명하겠다.

신뢰를 심어주는 노력의 가치

산중 이곳에서 부부 함께 지내고 있지만, 사회활동 하는데 제약이 많아서 외롭게 지는 곳이기도 하다. 사회의 인간관계를 지속적으로 유지하기 위한 고민을 다각도로 해본다. 먼저 먼곳에서 도시생활을 하는 지인이나 사회활동 저명인사들과 접촉하기 위한 방안이 필요하다. 그래서 컴퓨터 영상통화로 지인들이나 저명인사들을 소개 받고, 단체모임에 가입해서 상호교류가 이루어지게 하는 것이다. 때로는 힘들지만 대도시에 거주하는 지인과 저명인사들을 대면하기 위해 지인과 저명인사들을 수시로 만나야 한다. 그다음으로는 접촉되는 지인과 저명인사들에게 대하는 전략이 필요하다. 그 방법과 전략을 정리해 보았다.

우리가 사는 사회는 서로 얽히고설켜 살아가야만 되는 세상이다. 그러다 보니 사람들간의 만남은 우연히 아니라 필연이라 할 수 있다. 이런 필연적인 관계를 보다 효율적이고 아름다운 관계로 이어지게 하기 위해서는 상대방을 인정하는 게 우선되어야 하겠다. 이 사회는 다양하게 살아가는 사람들이 모여 공존하고 있다. 그러므로 가장 먼저 우리는 다양성을 인정해야 한다. 내 주장을 먼저 세우며 내 생각이 우선 될 때 다툼과 오해가 생기게 된다. "너와 내가 다름으로 우리가 공존 한다." 는 이부용 시인 글귀의 울림이 낭랑하다. 상대방도 이해하면서 내 주장이 받아들여지도록 하는 것이 기본이 되어져야 하겠다.

이러기 위해서는 상대방의 말에 귀를 기울여주는 경청(傾聽)이 필요하다. 가족 간의 소통을 비롯해 직장동료, 직장 상사, 또는 친구 등 지인들과의 소통이 참 중요하다. 원활한 소통을 위해서는 자신의 생각과 의견을 남에게 전달했을 때 그 뜻이 잘 통할 수 있게 말을 해야 하며 남의 이야기를 잘 듣는 자세도 꼭 갖춰야 하겠다. 어쩌면 말을 잘하는 것보다 중요한 것이 남의 말을 잘 들어주는 것이다. 상대방이 하는 이야기를 듣고 짧게 맞장구를 쳐주는 것만으로도 이야기하는 당사자는 기분이 좋아지게 된다.

경청이 잘 이루어지면 다음 단계는 관심을 갖게 된다. 관심은 상대방에 대한 마음가짐을 나타내는 것으로 상대방을 존중할 때 생겨나게 된다. 경청을 잘하다 보면 상대방을 존중하게 되고 상대방이 어떤 마음가짐인지를 알 수 있게 되어 좀 더 가까워질 수 있게 되는 것이다. 다음 단계는 배려(配慮)하는 마음이 생기게 된다. 배려는 상대방을 여러 가지로 마음을 다해 보살피고 도와주고자 하는 자세이다. 그만큼 가까운 사이가 아니면 있을 수 없는 행동의 단계다. 따라서 소중한 인연을 늘 갖기 위해서는 상대방을 먼저 배려하는 마음이 있어야 된다.

경청, 관심, 배려라는 행동이 자연스럽게 나타날 수 있는 단계가 되는 게 결국은 신뢰가 돈독해지는 단계라 할 수 있다. 보이지 않는 것까지도 믿을 수 있는 단계가 곧 신뢰의 단계이다. 어느 일방이 잘한다고 되는 것은 절대 아니다. 쌍방 모두가 서로를 배려하는 마음이 있어야만 비로소 신뢰가 형성되는 것이다.

신뢰는 실용이자 자기계발이라 볼 수 있다. 자기 자신부터 신뢰하지 못한다면 타인과의 관계에서도 신뢰를 구축할 수가 없게 된다. 따라서 자기 자신부터 신뢰할 수 있는 방법을 터득하고 이를 습관화시켜 인간관계에서 성공적인 삶을 살아갈 수 있는 지혜인 신뢰를 쌓아 가면 좋을 것이다. 끊임없이 신뢰를 요구하고 있는 사회적 요구를 충족시켜 주는 것이야말로 존경받는 사회인이 되지 않을까 싶다.

여태까지 살면서 과연 내가 남을 위해 신뢰받을 수 있는 행위를 했는지를 반성해 본다. 성격적으로 수양이 부족하였기에 더욱더 반성해 보는 것이다. 앞서가기 위해 자신의 실력과 배움에만 늘 몸에 베인 것이, 남을 배려하는 마음이 부족하게 된 것 같다. 상처받은 지난날의 경험에 의해 악몽 같은 자신의 잘못으로 인해, 나 자신에게 대리 만족을 위해 그렇게 행동을 하게 된 것 같다. 원인과 그로 인해 잘못된 습관과 굳어진 마음을 심

리적인 치료하기 위해서라도 내 자신 스스로 노력하면서 치료
하여야 하겠다. 내가 심리상담사 1급 자격증을 갖춘 것이 부끄
러울 지경이다.

"신뢰는 확고한 믿음이다."
"확고한 믿음이 신뢰의 가치는
하늘이 밝히는 표창의 대상이리라."

튀르키예 지진으로부터 얻어진 교훈을 신뢰와 소통의 지혜에서 배운다

　2023.02.06. 10시17분 튀르키예 지진은 가지안테프 서북서 쪽 62km 지역에서 7.8 규모의 지진과 여진 6040회나 발생되었다. 이로 인해 10만5794개 건물이 파괴됐거나 철거가 필요할 정도로 심하게 손상됐다. 이들 중 2만662개는 완전히 무너진 것으로 파악됐다. 인명피회는 2023.02.24.일자 기준으로 5만132명(튀르키예 44,218명, 시리아 5,914명)이나 사망자가 발생하였다.

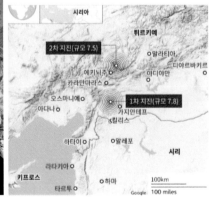

그리고 부상자 수는 119,019명(튀르키예 108,362명, 시리아 10,657명)이나 된다. 갈수록 사망자 수는 더 늘어날 것으로 본다. 강력한 지진으로 튀르키예(터키) 남동부 많은 지역이 엄청난 피해를 봤지만, 하타이주의 인구 4만2천명 규모 도시 에르진에서는 사망자가 한명도 없고 무너진 건물도 없었다고 한다. 엘마소을루 시장은 에르진에서 지진 피해가 없었던 것은 불법 건축물을 절대 용납하지 않는 정책 덕분이었다고 밝혔다. 그는 '나는 시장 재임 기간 중 불법 건축을 절대 용납하지 않았다'며 이런 정책 때문에 강한 반발을 사기도 했고, 이 나라에 당신 말고는 정직한 사람이 아무도 없느냐'는 소리도 많이 들었다'고 한다. 결국 에르진에는 사망 0명, 불법건축과 싸운 시장은 '비난에도 버텼다' 이는 정직과 성실에 굽히지 않고 신뢰로 도시건설에 이룬 소통의 결과이다. 진정한 소통이 무언지를 알기 위해 다각도로 알기 위해 자료수집과 정리를 해본다.

인간관계를 풍요롭게 하는 소통의 지혜로써 우리 삶에서 인간관계를 한층 업그레이드할 수 있게 될 것이다. 소통은 인간의 삶에 있어 혈맥과도 같다. 좋은 소통의 지혜는 인간관계가 잘 되게 하는 사람들에게 유용하게 활용할 수 있다. 보다 더 나은 삶을 위하여, 인간의 모든 삶은 소통으로 시작해서 소통으로 끝난다. 소통은 인간의 삶에 있어 혈맥과도 같다. 피가 잘 안돌면 건강에 위협을 받아 생명에 지장을 초래하는 것처럼, 소통이 잘 안되면 인간관계에 문제가 생겨 삶이 원활하지 않게 된다. 그렇다면 문제는 간단하다. 소통이 원활하게 잘 될 수 있도록 하면 된다. 그런데 여기서 한 가지 사람들이 흔히 갖는 오해를 짚고 넘어가야겠다. 그것은 바로 말을 잘하면 소통이 잘 이루어진다는 생각이다. 그러나 이는 잘못된 생각이다. 소통의 개념을 잘 모르기 때문에 생기는 오해이다. 성공한 사람의 꿈은 사람들에게 꿈을 길러주는 소통의 종합비타민이다. 성공한 사람들의 이야기를 많이 읽는다는 것은 그만큼 그들과 자신의 꿈의 소통을 한다는 것을 의미한다. 이 세상에는 혼자 잘나서 잘된 사람들은 하나도 없다. 그들 역시 그들에게 꿈의 소통을 이루게 해준 멘토나 존경하는 인물이 있었다. 그들과의 꿈의 소통을 통해 최선을 다한 끝에 자신이 원하는 것을 얻을 수 있었던 것이다. 위대한 인물들의 평전이나 전기문은 특급 꿈의 소통 도구이다. 자신이 진정으로 원하는 것을 얻고 싶다면 책을 읽어라. 책 속에서 길을 물어보라. 그러면 분명 해답을 얻게 될 것이다. 꿈을 이루고 싶다면 꿈을 이룬 자들과 꿈을 소통하라.

성실한 사람을 보면 가까이하고 싶은 마음이 든다. 그런 사람은 남에게 피해 주는 일을 하지 않고 도움을 준다고 믿기 때문이다. 그래서 성실한 사람은 어딜 가든 환영을 받는다. 인간관계에 있어 성실한 마인드와 행동은 좋은 소통의 수단으로 작용한다. 생각해보라. 자신에게 도움이 되는 사람을 멀리할 이유가 없질 않은가. 성실은 소통에 있어 매우 긍정적으로 작용하기 때문에 성실한 마인드로 행동하면 반드시 좋은 결과를 얻을 수 있다. 성실하다는 것은 그만큼 사람들에게 믿음을 주고 신뢰를 주기 때문이다. 그러기에 성실함에는 말이 필요 없다. 그것은 오직 행동으로 나타난다. 자신이 인정받고 싶다면 성실하라. 성실은 사람과의 사이를 매끄럽게 이어주는 '감동의 소통'이다.

좋은 상사는 부하직원의 허물까지도 덮어주고, 훌륭한 스승은 문제아도 사랑으로 이끈다. 훌륭한 정치가는 국민을 위해 헌신하고, 훌륭한 코치는 선수의 실수를 감싸주는 센스를 발휘한다. 사람은 누구나 실수를 한다. 실수를 하니까 사람인 것이다. 그런데 실수할 때마다 사람들이 비웃고 조롱한다면 어떻게 될까. 그 직장은 그 학교는, 그 나라는, 그 팀은 불화로 인해 깨질 수도 있다. 이럴 때 실수를 막아주고, 덮어주는 센스를 보인다면 더욱 끈끈한 직장이 되고, 학교가 되고, 나라가 되고, 팀이 될 것이다.

친절한 사람을 보면 공연히 기분이 좋아지고, 마음속엔 기쁨의 꽃이 핀다. 그래서 얼굴엔 생기가 돌고, 입가엔 미소가 번진다. 친절한 사람은 나하고 전혀 상관이 없어도 친근감이 간다. 친절한 마음속엔 사랑이란 향기가 담겨 있기 때문이다. 사랑의 향기는 한곳에 머무를 땐 그 주위에만 기쁨을 전해주지만, 여러 곳으로 옮겨 갈 땐 가는 곳곳마다 기쁨의 꽃밭을 이룬다. 결국 친절은 아름다운 소통의 처세이다. 그래서 친절한 사람이 많은 세상이 밝고 행복한 것이다. '나는 과연 어떤 사람인가?'라는 물음을 가끔 스스로 해보라. 그래서 스스로를 점검하고, 자신의 친절에 대한 점수를 매겨 보라. 그래서 자신이 부족함이 발견되면 지체 없이 반성하고 친절한 사람이 되도록 해야 한다. 친절은 자신뿐만 아니라 모두를 기쁘게 하고 행복하게 하는 '소통의 꽃'이다. 긍정적인 사람과의 교류는 긍정의 소통이다. 그런 까닭에 언제나 소통이 활발하고 소통에 적극적이다. 자신이 긍정적인 삶을 살고 싶다면 긍정적인 사람과 소통하라. 잘되는 사람들 주위엔 긍정적인 마인드를 가진 사람들로 포진해 있다. 긍정과 긍정이 교류함으로써 더 강력한 긍정의 에너지가 발생한다. 그러니 어찌 잘되지 않을 수 있을까. 부정적인 사람과의 교류는 자신을 부정적으로 만든다. 그래서 부정적인 사람과의 교류는 부정적인 소통일 수밖에 없다. 자신이 진정 잘되고 싶다면 매사에 긍정적인 사람과 소통하라. 그것이 자신이 잘될 수 있는 가장 확실한 방법이다.

소통은 인간관계에서 서로의 생각이, 서로의 관점이 막힘없이 잘 교류되는 것을 말한다. 소통이 잘되기 위해서는 진실이 통해야 한다. 진실은 곧 진정성이다. 진정성이 없는 말은 아무리 유창해도 상대의 마음을 살 수 없다. 진정성은 진실한 마음, 진실한 행동에서 느끼는 것이지 말을 잘한다고 느껴지는 것이 절대 아니다. 소통을 잘하기 위해서 말을 잘해야 한다는 강박관념에서 벗어나야 될 것이다. 소통은 말이 아니라 자신의 진정성을 타인에게 각인시킴으로써 유기적인 관계로 이끄는 것임을 명심해야 된다.

부의 축적에 대한 긍정적인 사고

한때는 가난에서 벗어나기 위해 수단과 방법을 가르지 않고 부를 축적하기도 했었다. 이는 목적도 없이 단순한 생각으로 부를 축적한 것이다. IMF로 인해 그 많았던 재물이 한 순간에 없어져 홀가분한 처지를 경험한 것이다. 재물은 잠시 내손에 쥐었다가 놓아버린 것이다. 그로 인하여 그동안 부담이 많았던 고민들과 야심찬 야욕들이 함께 사라진 것이다. 정신적으로 매우 편안한 기분이 든 것이다. 그래서 물질적인 부 보다는 정신적인 부를 얻기 위해 공부를 한 것이다. 수익이 생기면 곧장 공부하는데 투자한 것이다. 그렇게 하다 보니 많은 지식과 학식을 얻게 되었다. 그렇지만 가난에서 벗어날 수가 없었던 것이다. 살면서 가난이란 살아가는데 많은 불편과 제약이 뒤따른 것이다. 그래서 부를 축적하기 위한 방법을 터득하고 부단한 노력을 통해 어느 정도 부를 축적하게 된 것이다. 그 동안 지내온 겪은 과정을 통해서, 부자에 대한 연구가 필요하여 나름대로 부의 필요성을 결부시켜서 긍정적인 방법을 정리하기로 한다.

빈부의 차이와 치부[2]의 동기를 보면, 부자는 남이 재물을 가져다주어서 부유해진 것이 아니고 빈자는 남이 재물을 빼앗아서 가난해진 것이 아니다. 재주가 많은 사람은 시기를 잘 포착하여 넉넉해지고, 재주가 모자란 삶은 시기를 놓쳐서 넉넉해지지 못한다. 따라서 시기를 잘 포착하는 사람은 다가오는 해에 미래에 필요한 특정 물건 값이 크게 오를 것으로 보이면, 나중에는 얻기 힘든 상품을 사들이기 쉬울 때 자금을 동원해 전부 사재기하기도 한다. 마치 어둠 속에서 촛불로 물건을 비춰보거나, 거북점을 치듯이, 또 부절(符節)을 맞추듯이 정확하게 예측한다. 대대로 국가에서 녹봉을 받은 것도 아니고 조상에게 큰 가업을 물려받은 것도 아니지만, 혼자 힘으로 천금(千金)을 벌어서 부귀영화를 누리기도 한다.

부와 재물을 알게 되면 이를 얻기 위해 계획을 짜낼 수밖에 없고, 계획을 짜내면 솜씨 좋게 얻을 수밖에 없다. 사람 인체 어느 부분(귀와 눈, 입과 코, 팔과 다리 등)이든 좋아하는 것이라면 어떤 물건이든 마음으로 흠모하고 여기에 정신을 쏟아 부을 수밖에 없다. 이야말로 하늘의 이치로 볼 때 당연하고 인간의 욕망으로 볼 때 팽개쳐둘 수 없는 일이다. 따라서 치산(治産)을 잘하는 사람은 재물을 크게 불리고, 그다음 사람은 아끼고 절약하며, 그다음 사람은 변화를 일으켜 형통하고, 그다음 사람은 고생을 참고 근면하게 일한다. 아무 수완이 없는 사람

---

2 치부(恥部) : 남에게 드러내고 싶지 아니한 부끄러운 부분

은 거지로 살 수밖에 없는 것이다.

전국 팔도에서 유통되는 토산물이나 공산품들이 가운데 서울로 물려든 연후에 사방으로 다양한 곳으로 퍼지지 않는 물건이 없다. 따라서 대형유통단지 물류센터에서 관원이 있어 각종 제품들의 재고 귀천[3]을 조절하여 서울에 모였다가 서울에서 흩어지게 한다. 물건이 흩어졌다가 다시 모이고 모였다가다시 흩어져서 순환하는 과정은 끝나는 때가 없다. 비유하자면 온갖 하천의 물이 바다로 쏟아져 들어와 미려(尾閭)[4]로 새어나가는데 이 물이 다시 온갖 하천의 근원이 되어 물줄기가항상 바다로 쏟아져 들어가는 것과 같다. 따라서 서울이 토지는 나라 전체에서 0.6%에 불과하고 인구는 18%에 불과하나가진 부를 헤아리면 50% 이상이나 차지한다.

무릇 부를 쌓은 사람은 어질지 않고, 어진 사람은 부유하지않다는 말이다. 그러나 나라면 그렇지 않다고 말하겠다. 부자는 위로는 나라가 부과한 세금을 거부하지 않으니 이는 애국됨이고, 아래로는 남에게 금전을 빌리지 않으니 이는 청렴함이다. 안으로는 가족과 친지에게 옷을 따뜻하게 입히고 음식을배불리 먹으며 평화롭게 지내게 하니 이는 효도와 우애와 자애로움이다. 밖으로는 가깝거나 소원하거나 상관없이 친구들이

---

3 귀천(貴賤) : 부귀(富貴)와 빈천(貧賤)을 아울러 이르는 말

4 미려(尾閭) : 바다의 깊은 곳에 있어 물이 끊임없이 새어 든다는 곳

찾아와 돈을 빌려 달라고 하면 흔쾌히 허락하니 이는 인자함과 의로움과 신의다. 관혼상제⁵ 예식에 예물을 잘 갖추어놓으니 이는 예절 바름이다. 걱정거리를 풀게 하고 일을 처리함에 구차하지 않으니 이는 지혜이다.

부유하다고 해서 다 현명하게 마음을 쓰지는 않으나, 법을 두려워하고 남들이 이러쿵저러쿵하는 소리를 꺼려서 현명하게 처신하려 애쓰는 부자가 많다. 가난한 자는 뜻하는 바가 모두 악하지는 않으나 의지할 데가 없어서 제멋대로 몰지각 행동하고, 간혹 자포자기한 자도 나타난다. '부유하면 덕이 모여들고, 가난하면 악이 일어난다'는 말이 틀린 말이겠는가?

나는 부의 가치를 긍정하고, 누구나 부자가 되기 위해 노력해야 하는 주장을 펼치고 싶다. 그러한 부자가 되는 방법인 경제 경영 원리로 부자의 꿈을 이뤄보기를 권하고 싶다.

---

5 관혼상제(冠婚喪祭)는 갓을 쓰는 성인식인 관례(冠禮), 결혼식을 올리는 혼례(婚禮), 장례를 치르는 상례(喪禮), 제사를 지내는 제례(祭禮)등을 일컫는다. 사례(四禮) 또는 가례(家禮)라고도 한다.

아내의 완치를 꿈꾸며 푸른 산을 사다

2022년 9월 30일, 친구 이건모 교수와 함께 경북 안동시에 있는 베스터 공인중개소에 찾아가서 임야 주인과 매매를 성사시켰다. 비로소 나에게 1만평(3.3ha)이 넘는 임야 토지를 갖게된 것이다. 친구는 칠십이 다된 처지에 임야를 구입하여 고생을 도맡아서 하느냐고 반문을 한다. 친구와는 목적과 인생의 목표가 서로 다르기 때문에 나의 의견과 목적을 얘기하였지만, 친구는 납득할 수 없다는 것이다. 아내 모르게 임야를 구입한 것이 부담이 간다. 지금 암 환자인 아내에게 미래를 위해 임야를 매입했다고 얘기해봐야 좋은 소리 하지 않을 것이다. 차후에 아내가 어느 정도 건강이 회복한 후에 설득시키고 싶다. 친구는 왕복 500km 이상 되는 거리를 본인의 자가용으로 수고해주었다. 사과 한 상자와 안동고등어 정식을 대접했다.

> "저에게도 오늘 임야 1만평을 소유하게 해주신
> 주님께 감사드립니다."

그동안 아내를 위한 케어, 펜션 운영, 소방감리 현장근무, 사이버대학 강의 청취, 지방 돌아다니면서 스마트공장 평가심사, 코디네이터, 컨설팅, 국책과제 심사 등에 시달려온 나에게는 큰 위안이 된다.

2022년10월17일부터 5일간 "임업후계자과정" 40시간 강의를 받기 위해, 35만원을 임업진흥원 산하 교육기관인 ㈜미래산림연구소 입금해서 수강을 온라인 실시간으로 강의를 받았다. 그리고 현장견학은 10월19일 서울 잠실종합운동장에서 출발해서 횡성(노아의 숲)과 홍천(홍천산채농원) 현장을 답사하고 대표자로부터 농장운영에 대하여 설명을 듣고, 현장재배를 직접 보게 되었다. 관심이 가는 곳은 홍천산채농원이다. 연간 산나물을 재배해서 연간소득이 6천만원 정도라 한다. 부부 둘이서 주로 하고, 대표는 전 ICT분야 전문가이다. 밭2천평에 주택과 노지에다 산나물(특히 눈개승마, 어수리나물, 서양엉겅퀴나물)을 재배하는 곳이다. 차후에 좀 더 알고 싶다. 새벽에 차를 몰고 배방역까지 오면서 초원아파트단지를 막 지나는데 운전대가 무겁고 조작하기가 힘들었다. 산골 이웃하는 동서형(임태일)에게 도움요청을 청해 차를 두고(밤이라 카센터 영업하는데 없음) 대신 동서형 차를 얻어 타고 왔다. 다음날 다시 배방역에 가서 주변 카센터까지 힘들게 차를 몰고 갔다. 원인은 에어컴프레셔와 핸들조작 간에 작동 연결해 주는 팬벨트가 끊어진 것이다. 그래서 핸들이 무겁고 조작하기 불편한 것이다. 수리비 5만원을 주고 고쳤다. 에어콘 작동은 하지 못하게 에어컨 Relay chip을 빼서 임시저장 위치로 옮겼다. 에어컴프레션 부품을 교환하는데 비용은 25만원 이상 수리비가 든다고 하니, 내년 봄 에 고치기로 했다. 동서형에게 차량운영비로 2만5

천원을 드리고 먼저 집으로 가게 했다. 수리를 마치고 아내가 좋아하는 교촌치킨 콤보(닭다리와 날개) 한 set 구입하고선 곧장 아내가 기다리는 곳을 향했다.

2022년11월2일 날에 임업후계자증서가 나왔다. 2일 전에 우편으로 보낸 서류(임업후계자 선발 신청서, 사업계획서, 신분증 사본, 주민등록등본, 임야 등기부 등본(표제구,갑구,을구), 40시간 교육수료증(귀산촌 및 임업후계자 과정)) 제출과 동시에 접수하였고, 이틀 후에 담당자와 통화로 사업계획서 일부를 수정하였다. 수정한 사업계획서를 이메일로 송부처리 하였다.

2022년11월3일 날에는 산림조합원에 가입을 이메일로 통해 서류(임야대장, 조합원 가입신청서, 신분증 복사본)를 접수 시켰다. 가입조건으로는 가입구좌 20구좌(1구좌 5,000원, 총 10만원) 이상 취득해야 하고, 접수 후, 분기별로 모아서 조합원 선발처리를 한다고 한다. 차후에 결과 통보를 기다려 보자.

2022년11월4일 날에는 산림경영체등록을 위해서 산림조합원 경영지도과 담당자(정상혁)와 통화하여 필요한 서류 "산림경영계획서 작성신청서(7쪽 분량)"를 이메일로 받았다. 산림경영체를 위한 마스터플랜(Master Plan) 수립에 참조자료(임업후계자 신청 시 사업계획서 등)를 송부 하였고, "산림경영계획서 작성신청서" 하는데 준비사항을 정리하여 이메일로 보내주기로 했다. 신청내용은 다음 9가지 제시 요구로 신청하고자 한다.

1. 숲 가꾸기를 위한 간벌(도로변 나무 쌓기, 나무 판로 알선) 및 작업도(배수시설 포함) 시행계획
2. 산림경영관리사 위치선정 및 건축 시행(산림조합원 융자 이용 반영) 제시
3. 임야 공간 여백에 지역별로 부합된 산나물류, 약초류, 수실류, 버섯류 등 적절한 배치계획
4. 작업로(향후 산악자전거 이용 스포츠 등) 주변에 수실류(구찌뽕나무, 자작나무 등) 등 묘목 식재 계획과 지자체 지원방안 마련
5. 보조사업 계획(울타리 시설, 야영장시설(캠핑장, 민박시설), 하천 정리공사, 판매장시설, 작업로 둘레길 조성, 관수시설, 저장 건조 시설 등)
6. 1차계획 도로변 야영장(캠핑장) 개설이용, 2차계획 직업 전문훈련원 작업장(요트, 보트 제작 실습장 활동) 이용에 대한 방안
7. 현지 임야 연관된 공모사업 종류 및 참여 방안
8. 10년간 장단기 Master Plan 수립 제시(영양군 지역의 Model Case 마련 목적)
9. 기타 임야 활용을 위한 발전방안(팜ICT 적용, monorail, 통신시설, 숲 정원, CCTV, 주민과 협업사업, 주변 관광사업 연계, 번변천 이용 연계사업방안 제시 등)

위와 같이 9가지 항목을 토대로 해서 산림경영계획수립을 위해 산림조합원에 신청의뢰 하였다. 경북영양군 지역에서 모델케이스로 구성하기를 원한다. 얼마만큼 수용될지 궁금하기도 하다. 이젠 임업후계인과 임업인이 된 셈이다. 다음으로는 작업도를 신청해서 산에 길을 내는 것이다. 산에는 40년 이상 된 수목들이 빼빼하게 자라고 있다. 30% 정도 간벌을 통해 숲 가꾸기를 하며, 동시에 공백 장소에 산나물류6, 수실류, 약제류, 버섯류 등을 재배하고 싶다. 그래서 아내에게 필요한 건강 산나무류와 약제류 등을 복용하게 하는 것이다. 그리고 임야 적당한 곳을 정해서 산림경영사(소형주택)를 15평 건축해서 휴식공간을 마련하고, 주택 포함한 주변 60평 정도를 마당(창고 포함)으로 조성하는 것이다. 그야말로 산속의 보금자리를 마련하는 것이다. 이 모든 것을 생각하면 뿌듯한 기분이다. 올해는 서류접수를 중점과 산림경영계획수립(Master Plan)을 마련하는 것이다. 목적은 임야에 수익성을 단기간에 올릴 수 있는 것부터 먼저 사업 추진하는 것이다. 향후, 경북영양군 지역에 가장 돋보이는 모델케이스가 될 것으로 기대해 본다.

11월13일 **숲 가꾸기**를 하기 위해 산림조합원 대행으로 영양군청 산지이용팀 내, 숲가꾸기 담당자(김민우)에게 접수할 것을 의뢰하였다. 현재 100여명 접수 중이라 2023년내 순서적으로 배정을 받는다고 한다. 임야 전체 30%를 간벌하게 되는데

---

6 산나물류 : 산마늘(명이나물), 눈개승마(삼나물), 어수리, 엉겅퀴, 취나물, 참나물, 곰취, 금취 등

마구잡이로 큰 나무, 작은 나무 상관없이 무차별로 벌채한다고 하니, 이를 대비하기 위해 조건 합의를 하여야 한다. 간벌하기 전에 불필요한 나무들을 선별해서 벌채하게 하고, 벌채된 나무들을 한곳에 모아놓게 하여야 한다.

11월28일 **산림경영계획서** 제출을 하기 위해서, 산림조합원 담당자와 통화로 의론한 다음, 산림경영계획서를 접수시켜야 했다. 전 산주가 이미 산림경영계획서를 제출하여 등록된 상태라, 산림경영계획서 변경신청을 해야 했다. 변경사항은 전 산주 명의를 나의 명의로 변경하여 신청한 것이다. 그리고 영양군 산림조합원에 산림경영계획서 작성신청서 구비서류는 임야 등기부 등본(표제구,갑구,을구), 임야대장, 산림경영계획서 명의변경신청서, 신분증 사본을 이메일로 접수 시켰다.

12월1일 **임업경영체 등록**을 하기 위해, 현주소지 관할 기관(중부지점 산림청)이 공주시내에 있어서 방문하였다. 준비서류는 농업경영체 등록신청서(7쪽), 임야대장, 임야등본, 신분증이다. 수정사항이 발생 되었다. 수정사항은 농업경영체 등록신청서의 2쪽(임야 및 임업경영) 재배면적 노지란에 혼효림7, 시설란에 33,372m²(임야 전체 평수)로 수정하였다. 가장 쉬운 방법이다. 혼효림은 현재 산에 심어진 다양한 나무들을 총칭한 용어이다. 접수자가 전산접수처리 하다 보니, 전 산주가 임업경

---

7 혼효림(混淆林) : 두 가지 종류 이상의 나무로 이루어진 숲

영체 등록한 상태이다. 그래서 접수자는 전 산주(이의돌: 전남 고흥군 소재)에게 전화를 걸어서 남부지점 산림청에 변경신청을 하게 하였다. 담당자는 3일 지나 현지답사 후, 결과를 알려 주겠다고 한다. 그리고 캠핑장 허가를 받기 위해서, 영양군 소재한 산림기술사(산마루산림기술사사무소) 대표에게 연락해서 1,000평 정도 캠핑장 허가 가능성을 부탁하였다. 물론 임야도에 세부계획 내용을 표시해서 이메일로 전달하였고, 결과를 기다려 보기로 했다.

작업로 계획은 총 411.5m이며, 우천 시 도로변에 유실로 인한 피해를 주의(돌산 복구애로)해야 하며, 도로변 평지 988평 정도 정지작업과 산림경영관리사 60평 조성(주거지 15평, 창고 및 기타 45평 조성)을 구상한 것이다. 주의사항으로는 도로변, 향후 8m 도로확장을 고려해야 하고, 낙동강 수질오염지역에 대한 대비도 해야 한다.

또한, 돌산지역으로 작업로 복구 시 많은 비용이 예상되기 때문에 심중히 고려해야 하겠다. 사례로 보면, 작업로를 준공검사를 받게 되면 영구적(3년마다 허가신청 받지 않아도 됨)으로 작업로(作業路)로 이용할 수 있다고 한다. 임야 뒤편은 대체로 완만하여 임산물(산나물류, 수실류8, 약초류, 버섯류 등)을 재배하여 수익을 올릴 것으로 보고, 자연 휴양지를 조성하여 캠핑장 방문고객에게 휴식처를 제공하게 될 것이다. 정부지원을 받아 모노레일을 설치해서 임산물 재배 시 이용과 방문고객에도 편리를 제공할 필요가 있다. 988평 평지에 캠핑장을 구성하는 것이 1차 목표이고, 2차 목표는 보트·요트 제작훈련을 제공할 수 있는 직업전문훈련원을 허가받아 운영할 계획이다.

---

8 수실류 : 밤, 잣, 감, 대추, 은행, 도토리, 개암, 머루, 호두, 복분자딸기, 산다래, 돌배, 다래, 석류 등

산을 가진 자에게 일러주는 조언

경북 영양군 입암면 삼산리 산3-6 임야 33,372m²(3.3372ha = 10,095평)를 지난 9월16일자로 2백만원 계약을 하였다. 위치는 반변천 낙동강 상류지역에 있으며 왕복도로변에 있는 임야이다. 산 높이는 250m이고, 도로변에 붙어있는 곳은 경사가 급경사이다. 도로에서 좀 떨어져 있는 곳은 평지로서 이용할 수 있고, 앞부분과 옆부분 모두 지방 공유지 땅으로서 살림이 우거져 있으며, 도로에는 차량 흐름이 많은 편이다. 도로 건너편에는 사과 과수원과 반변천, 그리고 10여 가구로 조용한 마을이 형성되어 있다. 그동안 3번이나 산 정상에 올라 임야의 환경이나 숲속의 나무 종류와 지형을 자세히 살펴보았다. 임야 앞면은 가파른 급경사이지만, 뒷면에는 그나마 완만한 편이다. 카톡 맵을 통해 임야도를 통해 경계선까지 확인하면서 산의 지형을 자세히 살펴보았고, 이용을 어떻게 할 것인지 고민하기도 했다. 뒤쪽으로 차를 타고 조그마한 입암성당을 거쳐서 주차 시키고 나서 곧장 산 쪽을 향해 250m쯤 걸어서 여러 개의 무덤을 지나, 계곡을 건너 구입하고자한 임야 정상까지 올라가서 주변을 살펴보니, C급 수준의 임야로 보인다. 도로변 임야이고, 가격이 비싸지 않은 것으로 보이며 내게는 적당한 편이다. 그래서 매매계약을 한 것이다. 생전 처음으로 임야를 구입한 셈이다.

　내가 어릴 때, 선친께서 살아생전에 2,400평 논을 구입해서 농사를 지으시면서 건재상, 어름판매, 막걸리, 중국집 등 다양한 장사를 하면서 바쁘게 9남매를 키웠던 것이다. 참으로 대단한 분이셨다. 조부님께서 30대에 일찍 돌아가셔 선친께서는 초등하고 2학년에 중퇴 하였고, 소년가장으로서 홀어머니와 5남매의 가장으로 열심히 살았던 것이다. 선친과 선모의 노력으로 9남매 형제들이 장성하게 한, 고마운 분이시다. 선친의 살아오신 과거를 회상해 보면, 나도 토지를 2,400평 이상을 구입해서 농토를 일구고 싶은 욕망이 늘 뇌리 속에 잠재되어 있었던 것이다. 그래서 임야라도 구입하고 싶어진 것이다. 계약하고 보니 그동안 부담으로 느낀 것이 해소되는 듯하다.

　앞으로 임야 10,097평을 구입해서, 추진되어야 할 일들이 있다. 구입과 동시에 임업인(임야 3ha 이상 소유자)이 되고, 임업후계자가 되기 위해서 산림청 관할 한국임업진흥원 사이트를 통해 임업후계자 양성과정에 등록(등록비 35만원)해서 40시간

을 실시간 온라인(비대면) 교육과 현장실습을 통해 수료를 거쳐야 한다. 그다음으로 영양군청 산림경영팀 **임업후계자** 선발 및 관리담당자(김동욱 주무 T054-680-6613)에게 구비서류(임업후계자 신청서, 신분증, 주민등록등본, 등기부등본, 사업계획서, 40시간 교육 이수증)를 제출하면 된다.

임업인이 되면, **산림경영관리사**(바닥면적 15평 1층 집을 건립, 부지면적 60평)를 지울 수 있다. 이는 건축허가 또는 건축신고 대상이 아닌 간이농림어업용 시설이므로 간단한 약식 절차에 의해 허가를 받을 수 있다. 준비서류(전기사용 신청서(한전양식), 신분증 사본, 해당 임야대장, 통장사본)를 갖추어서 영양군청 산림경영팀에 제출하면 된다.

임업경영체 등록이 필요하다. 등록조건은 수실류(호두나무, 약초류, 약용류, 수목부산물류, 관상산림식물류(단, 분재는 300m²)와 잣나무는 1,000m²이상 이고, 밤나무는 5,000m² 이상이면 된다. 그밖에 산지관리법에 따른 제4조에 의거 경영하는 사람이 해당이 된다. 신청서에는 이름, 주소, 주민등록번호, 연락처 등 개인정보와 임야소재지, 면적, 경영형태, 시설현황, 재배품목, **산림경영계획**인가, 생산량, 교육이수, 보조금 수령에 대한 요구정보를 신청서 서식에 맞게 작성하면 된다. 등록 접수기관은 지방청(산림경영과 경영기획팀) 경상북도 안동시 옥동 솔밭길 28 (영양군 소재지 해당됨) 연락처 TEL 054-842-7102~4이다. **경영체등록** 혜택으로서, 세금감면, 보조융자지원, 임업용 면세유 공급, 임업용 기자재 부가세 영세율 적용, 인력 등 기타지원 등을 혜택을 받을 수 있다.

임야를 소유하고 있으면 반드시 산림조합원에 가입하면 좋다. 산림조합에 가입조건으로 보면, 3ha이상 산림에서 임업을 경영하는 자는 해당이 된다. 혜택을 보면 다음과 같다.
- 의결권, 선거권 등을 통하여 조합운영에 직접참여
- 소유산림에 대하여 산림사업(나무심기, 숲가꾸기 등)을 하고자 할 때 조합에서 대리경영 가능
- 조합에서 당기순이익 발생 시 매년 이용실적에 따른 이용고 배당 및 출자좌수에 의한 출자배당 실시
- 출자금은 1천만원까지 비과세 혜택
- 예금은 3천만원까지 14%의 이자소득세 감면
- 조합원이 필요로 하는 경제사업자금 지원
- 조합의 각종 시설물 우선 사용 가능

산림조합중앙회에 의해 영양군 **산림조합**에 가입 하고자 할 경우 가입신청서, 주민등록증, 임야대장, 출자금(1좌 이상, 1좌: 5천원, 최대 10,000좌)을 가지고 영양군 산림조합을 방문하여 가입신청서를 제출하면 된다. 해당 지역인 영양산림조합원에 전화로 문의하면, 이메일로 신청가입신청서를 받을 수 있고, 작성 후 이메일로 제출하면 접수처리 된다. 분기별로 심사에 거쳐 선별하며, 선별되면 출자금 내역과 선정통보로 알려준다.

지난해 2022년12월 초순경에 임업경영체 등록을 위해 거주지 관할 공주산림청에 방문하여 필요한 서류를 제출한 후, 당월 22일 날에 등록 완료시켰다. 3ha 모두 혼효림으로 하여 신청한 것이다. 임야에 다양한 수목들로 형성되어져 있고, 차후에 벌채와 숲 가꾸기를 통해 해당 지자체에서 권장하는 수종(낙엽송, 소나무, 잣나무, 자작나무, 상수리 등) 중심으로 선택해서 갱신하고자 한다. 이들 수종들은 현금보조(자부담 10%, 국가지원 90%) 조림에 속한다. 이왕이면 관리의 편리성과 자생력이 강한 수종을 선택해서 산에 자주 방문하지 않아도 되게 하는 것이다. 2024년도에 임업직불제를 신청(임야 소재지 면사무소 직불제 접수담당자)해서 매년 1ha당 60만원을 지원받을 수 있다. 대신 90일간 산에 왕래하면서 스마트 영림일지나 수기영림일지를 작성해야 하고, 인터넷 교육 2시간 의무이수와 더불어 솟아 베기와 자재구입 등을 기록화 하여야 한다. 임야에 보조 수목식재 신청을 영양군청 산림경영과(Tel 054-680-6610)에 문의하여 산림계획서 제출과 산지답사 확인을 통해 승인을 얻을 수 있다.

트랜드 코리아 미래를 위해,
국가에 보탬이 되는 일을 찾아보자

마음이 따분해서 개인적으로 해외증권에 관심 갖게 되었다. 외국주식을 테스라 8주, 애플 1주, 켈로그 1주, 엔비디아 1주, 스노우플레이크 1주, 유니티 소프트웨어 1주, 버텍스 파마슈티컬스 1주, 클라우드플레어 1주 등의 주식을 적은 소규모로 구입했다. 2023년도 초반에는 테스라는 △47%, 애플 △17% 등 급락 되었다. 특히 테스라는 머스크 대표가 트위터를 인수하여 50%나 인원 감축시키고, 테스라 기업경영조차 소홀히 한 결과 머스크 자산 250조를 날라버린 셈이다. 현재 190조 자산만 남아 있는 것이다. 최고경영자의 안이하고 현명하지 못한 결과로 테스라 주식을 보유하고 있는 전 세계 주주가 손해를 보게 된 것이다. 덕분에 자연적으로 국제증세와 세계경제에 대하여 폭넓게 이해하게 되었다.

한때는, 국내 삼성전자 주식을 7만원대로 매입해서 5만원대로 손절매하여, 30% 정도 손해를 보고 국내 주식을 모두 처분해 버렸다. 덕분에 국내경제 사정과 기업의 실태를 파악하는 데 도움은 되었다. 2023년도 새해, 우리나라의 국운이 걱정된다. 2년 이상을 코로나19라는 팬데믹[9] 상황이 지속되었던 2022년을 지나, 코로나19와 더불어 살아가야만 하는 현실에서 우리의 삶은 비정상적으로 이어오고 있다. 이러다 보니 고통과 절망 속에서 2023년 새해에는 새로운 도약을 준비하는 시대가 될 전망이다. 지난 3년 내내 우리의 삶을 집요하게 뒤흔들고 있는 팬데믹 사태는 여전히 현재 진행형인 가운데, 경기마저 나빠지고 있다. 문제는 우리 경제가 지금 어느 단계에 와있으며 앞으로 얼마나 빨리 회복할 수 있느냐 하는 문제다. 특히 우리 경제는 대외 의존도가 상당히 높다 보니, 미국 경기에 1, 2분기 정도 후행 해왔던 점을 고려해 본다면, 2023년도 어려워 3~4분기 바닥에 이를 것이라는 추론이 일반적이다.

국제정세 역시 심상치 않다. 개전 초기에 곧 해결될 것으로 보였던 우크라이나 전쟁은 2023년까지 이어질 것으로 보인다. 이 전쟁의 핵심은 "언제 끝날까" 혹은 "누가 이길까"보다는 "대(對)러시아 제재가 얼마나 어떻게 지속될까?"하는데 문제다. 러시아에 대한 강력한 경제 제재와 러시아의 유럽 가스 수출 금지가 계속되어 유럽에 지속적으로 경제적 충격이 가해진다면 세계 경제에 미치는 여파가 상당하기 때문이다. 중국-대만-미국을 둘러싼 갈등도 격화되고 있다는 문제도 우리에게는 상당한 압박으로 다가오고 있다. 미국과 중국에 대한 정치·

---

9 팬데믹은 새로운 질병이 전 세계적으로 유행하는 것을 의미한다. 팬데믹은 그리스어인 '판데모스(pandemos)'에서 따온말로 판(pan)은 모두(everyone)를 의미하고 데모스(deoms)는 인구(population)를 뜻한다.

경제적 의존도가 높은 한국으로서는 매우 어려운 딜레마를 풀어나가야 하는 2023년이 될 것으로 예상된다.

이에 따라 검은 토끼의 해를 맞이하면서 올해의 키워드로 "RABBIT JUMP"를 제시하고 싶다. 이 내용은 '웅크렸던 토끼가 더 높이 뛴다. 도약하라!'라는 의미를 내포하고 있다. 2023년은 계묘(癸卯)년 '검은 토끼의 해'다. 토끼는 작고 수줍은 초식동물이어서 겁 많고 유약하다는 인상이 강하지만, 속담이나 설화에서는 꾀 많고 영리한 지략의 상징으로 자주 등장한다. 토끼의 지혜를 잘 나타내주는 표현이 '교토삼굴(狡免三窟)'이라는 말인데, "교활한 토끼는 3개의 숨을 굴을 파놓는다"라는 뜻이다. 재난이 닥쳤을 때 피할 수 있는 계획1, 계획2, 계획3을 함께 마련해둔다는 의미다. 2023년 예상되는 경제적·지정학적 위기에 대비해 '교토삼굴'의 지혜를 발휘하면 좋겠다.

나 역시도 교토삼굴의 지혜를 가져 보기 위해서, 소방감리원만으로 종사하는 것으로는 나의 지식과 학식으로 보아 너무 허접하다고 생각된다. 세월만 보내는 것 같아서 따분하기만 하다. 나의 지식 특기는 통계와 연구 등을 활용하는 고차원적인 지식산업에 이용되는 지식에 해당된다. 그에 맞는 일을 하고 싶어진다. 현 정부는 소멸예상 도시의 인구감소문제와 노령인구 증가에 따른 문제 현안으로 해결할 수 있는 대책에 많은 고심을 하고 있다. 그와 관련이 되게 연구할 수 있는 연구기관을 찾아서, 소속으로 지식인 연구원들과 함께 프로젝트를 수행하고 싶다. 그렇게 해서 국가에 조금이라도 보탬이 되고자 한다. 한 가지 일에만 안이하게 하는 것보다는 소방감리업무, 키즈펜션 운영, 응용통계조사연구, 공장 스마트 코디네이터 등의 3가지 이상 업무로 교토삼굴을 대비하는 것과 같이 일하고 싶어진다. 그래, 함께 할 수 있는 연구소를 찾아서 시도해 보는 거다.

홍성내포신도시 반도건설 아파트단지에서 근무하다가 조퇴하고, 곧장 신창 전철역에 승용차를 주차 시키고 나서, 전철로 국회의사당역까지 2시간37분이나 소요하면서 한국응용통계연구원 사무실에 도착했다. 광복회관 건물 건너편에 있는 스카이트 건물 5층에 사무실이 있었다. 약속시간 보다 2시간이나 일찍 도착하였다. 김효진 이사장을 만나 커피 마시면서 담소를 나누었다. 이사장은 1950년생이고 집은 양평에 부부가 살고 있으나 사무실 근방에 오피스를 얻어 생활하면서 주말에 양평 집으로 간다고 한다. 양평에서는 주말 텃밭을 이용해서 유기농 야채를 재배한다고 한다. 특히 사무실에서 본인의 오줌으로 통에 저장해서 발효한 다음에 요소를 만들어 이용한다고 자랑한다. 담소라기보다는 협상을 한 셈이다. 서로 입장과 연구할 수 있는 일들, 그리고 근무조건과 수입 등에 대하여 논의를 했다. 아내의 암 환자라는 얘기도 해서 2024년6월에 안양 비산동 종합운동장 부근 재개발 아파트단지에 입주한 후로는 정상적으로 출근하는 것으로 하고, 현재로는 충청지역 담당으로 하되, 최저임금을 기본으로 하고 프로젝트 발생 시 규모의 일에 맞는 인센티브를 적용하겠다 한다. 서로 긍정적으로 고민해보기로 했다. 이사장은 나를 마음에 들어 했다. 이사장은 마산이 고향이고, 처음 설립자가 김호일(마산 국회의원 3선, 대한노인회 회장)이며 1942년생 고려대 정치외교학과 졸업생이다. 집에 도착하니 밤12시가 다되었다. 아내는 기다리고 있었다. 아내에게 결과 사항을 설명하고 아내도 반대하지 않는 것이다. 항상 내가 하는 일에 조언과 지원을 해주었다. 앞으로도 미래 변화를 대비하고 내 역할에 대하여 적극적으로 고민해야겠다.

한국 내에 박힌 틀에서 벗어나 보자

　한국은 장기적으로 경제 침체기에 접어든 것 같다. 저출산, 고학력 인구에 고령화 시대라 더욱 제2의 인생으로 출발하는 시니어들에게는 설 땅이 별로 없는 것이다. 대다수가 그동안 주입식 교육과 부모의 도움으로 고학력까지 지원을 받아서 성장해 온 처지이라 더욱이 자립심과 창의력이 미약한 것이 현실이다. 그렇지만, 퇴임을 앞둔 시니어들이 그 동안 현장에서 쌓아온 지식이나 기술력은 매우 뛰어나지만, 국내에서 제대로 발휘하는데 제약조건이 많은 것이 현실이기도 하다. 이러한 문제를 탈피하기 위해 제안을 하고자 한다. 먼저 기업가를 만나는 세계일주라는 과제를 사례를 다룬 책을 읽고, 정리를 다음과 같이 제시하고자 한다. 이를 실천 경험을 위해 한 번쯤은 개척해 보는 것도 나쁘지 않을 것이다.

　"31개국 170명 기업가를 만난 열혈 청년의 기업가 정신 세계일주 도전기"라는 부제가 있는 이 책은 30대를 눈앞에 두고 현실에 안주하며 평범하게 직장생활을 하던 저자가 〈내 인생을 바꾼 스무 살 여행〉이라는 책을 보고 새로운 도전을 시작하기로 결심하게 된다. 그리고 지인으로부터 소개받은 〈세상을 바꾸는 대안기업가 80인〉이라는 책을 추천받고 세계일주를 계획하게 되고, '기업가를 만나는 세계일주'라는 아이템을 정하게 된다.

기업가가 되겠다는 자신의 꿈을 위해 직접 후원금을 유치하기 위해 후원해 줄 만한 기업체를 선정해 그 중 82개 회사 대표들에게 자신의 계획을 적은 손 편지를 보냈고, 32번째 편지 만에 한 대표로부터 만나자는 연락을 받고 360만원의 후원을 받게 된다. 이후 주변에서 후원이 원활하게 이루어져, 전 세계 한국인 기업가를 만나기 위한 여정을 떠나 꿈을 현실로 만들 수 있었다.

'기업가 정신 세계일주'를 기획하게 된 계기부터 후원금을 유치해서 '기업가 정신 세계일주'를 성공적으로 마치고 한국으로 돌아오기까지의 과정을 생생하게 그려냈다. 남미에서 145일, 아프리카에서 126일, 유럽과 중동 및 아시아에서 83일을 머물면서 기업가들이 저자에게 들려준 꿈과 도전, 그리고 성공 이야기들을 고스란히 들을 수 있다.

'기업가 정신 세계일주'의 첫 시작은 개발도상국에서 성공한 한국인 기업가를 찾아가 만나 뵙고 그분들께 배움을 얻는 것이었다. 한 분, 두 분 만나 뵙는 분들이 늘어나면서 성공한 기업가분들만 만나 뵙고 배움을 얻겠다고 한 내 생각이 짧았다는 것을 알게 되었다. 지금 낯설고 척박한 현장에서 삶을 일구고 도전하고 계시는 분들은 누구든지, 내가 배움을 얻어야 할 대상이지 성과 여부에 따라 가르침을 받을지 말지를 평가할 대상이 아님을 깨닫기 시작했던 것이다.

직접 몸으로 부딪쳐보기로 했다. 현지에 도착해서 진짜로 만나 뵐 분이나 정보를 얻을 수 없다면, 없는 이유라도 알고 오면 되겠다고 말이다. 또, 열 분의 대표님을 찾아뵈면 그중 최소한 한 분은 청년에게 가르침을 주시지 않을까라는 확신이 생겼다. 그렇게 낯선 곳에서 직접 문을 두드리는 등 행동하고 배운다면 훗날 나도 전 세계 어딘가에 회사를 세우고 정착할 수 있겠다는 생각을 하게 되었다.

그렇게 정해진 기준이 '개발도상국에 진출해 사업을 펼치고 있는 교민 기업가'를 찾아뵈며 '기업가 정신 세계일주'를 하자였다. 단 한 분에게서라도 진정한 기업가 정신에 대한 가르침을 받을 수 있다면 지구 끝까지라도 찾아가서 가르침을 받겠다고 말이다.

"앞으로 다양한 환경 속에서 별의별 사람을 다 만나는 여행이 될 것이다. 그렇게 만나는 사람에 따라서 꿈의 크기가 달라질 것이다. 그 길의 끝에서 리더의 길로 이끌어줄 수 있는 큰 그릇의 스승을 찾을 수 있기 바란다. 지금보다도 내일은 더욱 많은 사람을 얻고, 그 사람들을 통해서 큰 리더로 성장해 가기 바란다."

조금 더 이익을 남기겠다고 제품을 재고로 쌓아 두는 것보다
는 조금 덜 벌더라도 저렴하게 파는 것이 결국은 더 이익이다.
저렴한 가격으로 팔아 현금 흐름을 빠르게 하면서 더욱 많은
제품을 가져다 놓을 수 있게 되었고 점차 더 많이 벌게 되었
다. 처음부터 이렇게 파는 것이 더 이익이겠다고 의도하진 않
았지만 착한 장사를 하는 곳에 손님이 몰리는 것은 당연한 결
과였다.

한인 기업가분들은 못 만났지만 유럽 현지인들과의 만남을
통해 짧은 기간이지만 해당 국가에 대해 더 많이 알 수 있는 기
회를 가졌다. 세계 최고의 복지로 인해서 전 세계에서 국민들
이 가장 행복하게 살 수 있는 국가로 알려져 있는 스웨덴. 하지
만 최고의 복지 혜택을 누리기 위해서는 수입의 46퍼센트 정도
를 세금으로 내야 한다. 스웨덴에서 만난 몇몇 사람들의 행복
해 보이는 모습 이면엔 세대별 다른 솔직한 감정들이 자리 잡
고 있음을 알았다.

지금까지 정리한 내용 토대로 시니어들이 개척해 나갈 수 있
는 점을 심중히 고심해 볼 필요가 있다. 새로운 길을 개척하는
사람은 극히 일부입니다. 하지만 이미 누군가가 성공한 길은
수많은 사람들이 도전을 시도하며 놀라울 정도로 발전시켜나
갑니다. 시니어들의 샘은 이미 물이 가득 찬 상태입니다. 무엇

이든 할 수 있는 준비가 되어 있는 것이죠. 다만 펌프질을 해서 그 물을 끌어 올릴 수 있는 마중물이 필요할 뿐입니다. 도전 정신으로 충만해 있는 시니어들이 꿈을 향해 나아갈 수 있도록 자극제가 되어주고 싶습니다.

"아버지는 말이다. 멋지게 도전하며 열정 가득한 시니어 시절을 보낸단다. 역경 속에서도 하고 싶은 것에 당당히 도전하며 내일을 향해 나아갔단다."라는 이야기를 자녀들에게 들려주고 싶었던 시니어로서 어느덧 자신이 꿈꾸는 이상 보다는 안정된 생활에 안주하는 사람이 되어 있음을 깨닫게 된다. 그리고 불현듯 시니어의 마지막인 지금 이렇게 멈추어 서 있다면 60대, 70대, 80대의 끝자락에서 어떠한 과거를 되짚으며 후회만 하고 있을지 두려워졌으며, 특히 자녀 앞에서 당당하지 못한 아버지가 될까봐 걱정이 되었다. 그래서 현실에 안주하면서 멈추어버린 꿈과 열정을 '세계 속에 살고 있는 사람을 만나는 여행'을 통해 사업가라는 새로운 도전을 시작하게 된다.

"세계는 넓고 할 일은 많다"라고 했던 김우중 전 회장의 말이 딱 맞는 거 같다. 세계 여행을 통해 우리 교민들이 전 세계 175 개국이나 진출해 있고 무려 700만 명이나 된다고 하니 좁은 한 반도를 벗어나 전 세계를 일터로 만들고 있는 교민들이 자랑스럽고 존경스럽다. 또한, 시니어들에게 새로운 목표를 제시해주었다는 점에서 아낌없는 격려의 박수를 보내고 싶다.

어느 연구소에서 "청소년 글로벌 인재 만들기 프로젝트"라는 교육 프로그램을 운영한 적이 있었다. 초등학교 고학년부터 고등학교 학생들을 대상으로 글로벌 마인드를 함양하고 글로벌 경제를 이해할 수 있게 교육으로 4박 5일 중국 해외연수까지 다녀오는 프로그램이었다. 이 교육 프로그램이 저자와 같은 목표를 만들고 그 목표를 이룰 수 있도록 멘토링해 주는 것이었다. 이때 교육을 받았던 학생들 중 몇 명은 현재 해외에서 공부하고 있으며 글로벌 기업에 취업한 학생들도 있으니 교육이 중요하다는 걸 새삼 느끼게 된다.

이제 일자리가 없다고 한탄할 게 아니다. 오히려 본인 스스로가 일자리를 만들어 가기를 권하고 싶다. 좁은 대한민국이 아니라 전 세계 넓은 영토를 일터로 만들어 보기를 희망해 본다. 해외에 살고 있는 한국인 기업가들이 보여줬던 성공의 노하우를 이제 우리 시니어들이 배워 전 세계 240여개 국가 모두로 넓혀가기를 기대해 본다. 한국을 벗어나 더 큰 세상에서 도전하고 성공한 인생 선배들의 조언을 통해서, 자신만의 꿈을 이루기 위해 노력하는 모든 사람들에게 소중한 지침이 될 수 있을 것이다. 한국 경제가 여건상 어려운 처지에 있으나 위기를 기회로 눈을 돌려 보는 것도 좋을 것 같다. 그래서 제2의 인생 도전기에 큰 목표를 세우고 자신의 날개를 활짝 펼 수 있는 동기가 되기를 바란다.

<내 인생의 무기인 『무지개 원리』>에서 배우는 삶의 보람

　인생 삶의 보람을 갖게 하는 길잡이로 볼 수 있는 고(故) 차동엽 신부의 『무지개 원리』[10]를 읽고 깨닫게 되었다. 삶의 자세와 가치를 정리해 본다.

　'많은 사람은 만약에'라는 가정을 자주 해봤을 것이다. '만약에 내가 조금만 일찍 삶의 목표를 올바르게 세웠다면……', '만약에 학창 시절 조금만 더 열심히 공부했더라면……', '만약에

---

10 무지개 원리

고금의 지혜	현대의 자기계발 지혜
지성계발 (힘을 다하여: 좌뇌)	무지개 원리1. 긍정적으로 생각하라 무지개 원리2. 지혜의 씨앗을 뿌리라
감성 계발 (마음을 다하여: 우뇌)	무지개 원리3. 꿈을 품으라 무지개 원리4. 성취를 믿으라
의지 계발 (목숨을 다하여: 뇌량)	무지개 원리5. 말을 다스리라 무지개 원리6. 습관을 길들어라
인격화 (거듭거듭: 전인)	무지개 원리7. 절대로 포기하지 말라

내가 조금만 더 젊었을 때 나만의 인생 무기를 만들었으면……'하는 아쉬움을 토로할 때가 많을 것이다. 하지만 이런 공허한 가정은 가정으로 끝나는 경우가 대부분이다. 그나마 뒤늦게라도 구체적인 목표를 세우고 그 목표를 이루기 위해 최선을 다해 노력하는 이들에게 운이 따른다는 지극히 평범한 진리를 알게 된다면 그마저도 다행일 것이다.

무기들은 남을 찌르고자 끝을 시퍼렇게 벼린 창칼이 아니다. 때로는 강한 창칼을 막아내는 튼튼한 방패요, 때로는 비수를 품은 상대의 마음을 녹이는 봄바람이요, 때로는 불같은 내 성정(性情)을 다스리는 얼음물이다.

생로병사는 하늘에 맡기되 내 의지로 수련이 가능한 '겸손하게 사리'를 그때 다짐했다. 잘난 체하지 않고, 남 무시하지 않고, 나를 낮추고, 화내고 싸워 불편한 관계를 유지하느니 너덜너덜 웃으며 넘어가 주는 것이다. 그런다고 사람이 하루아침에 변하기는 어렵지만 시간이 흐르면서 그렇게 살면 더 편하다는 것을 가끔 실생활에서 경험했다. 그때마다 '아, 겸손이 좋긴 좋구나' 싶은 한편, '이건 흔한 처세술과 다를 게 없지 않은가'라는 의문이 들었다. '사람이 살면 얼마나 산다고 평생 굽히고만 살건가' 싶기도 했다.

아내랑 덜 싸우고 살기를 위해 이청득심(以聽得心)을 수용해야 한다. 비결은 이청득심(以聽得心)에 숨어있다. 말을 들어주는 것이 마음을 얻는 길이었다. 그제 하고, 어제 한 말 또 해도 전혀 처음 듣는 것처럼 맞장구치며 들어준다. 듣다 보면 신경 질 모락모락 나는 말도 허허 웃으며 들어준다. 화난 일이라면 마구 화를 내주고, 슬픈 일이라면 더 슬퍼해 주고, 기쁜 일이라 면 박장대소하며 데굴데굴 굴러주는 것이다. 뭔가 지적하면 부딪치는 대신 '아, 네네, 시정 하겠습니다'라 대답해버리는 것이 다. 이렇게 하니까 눈에 띄게 덜 싸우며 살게 되더란 말씀이 다. 살펴보면 돈이 들거나 어려울 것이 없다. 말을 끝까지 들어 주는 사람이 단 한 명만 있어도 세상은 살아진다.

나의 현재를 선택 불가한 관상이나 사주팔자 탓으로 돌리는 인생은 답이 없다. 박진감도 없다. 나의 현재는 오직 내 능력 과 노력과 운의 결과다. 살아보니 인생은 기칠운삼(技七運三 실력 70%, 운 30%)이다. 관상대로 가는 것이 아니라 내가 가 는 대로 관상이 된다. 운명대로 가는 것이 아니라 내가 가는 대 로 운명이 된다. 그것이 인생이라고 키 작고, 잘 안 생긴 나는 믿는다. 내가 어렵고 힘들 때 분간 없는 마음을 다잡으려 책을 잡으면 그 책 안에 반드시 나를 위로하고 격려하는 사람이 있 었다. 진짜다. 평소 '모든 책은 자기계발서'라고 주장하는 이유 다. 특별히 나는 정말 힘들고 어려웠을 때 고(故) 차동엽 신부 의 『무지개 원리』를 머리맡에 두고 살았다. 평소 내가 하는 말이나 쓰는 글에 알게 모르게 '무지개 원리'가 녹아든다.

'자식 이기는 부모 없다'는 말은 부모와 자식 간에 의견이 다를 때 항상 자식 의견대로 된다는 뜻은 아니다. 자식이 부모 뜻과 다르게 자기 하고 싶은 일, 살고 싶은 인생에 필이 꽂혔는데 그게 사람들에게 욕먹거나 감옥 갈 일이 아니라면 부모는 끝내 자식이 가는 길을 막지 않는다는 뜻이다. 자식이 자기 갈 길을 명확하게 설정한 후 당당하게 걸으면 속으로는 오히려 대견스러워 응원까지 하게 되는 것이 부모 마음이다. '내 자식 키우면서 남 자식 흉보지 말라'는 말도 내 자식 또한 어찌 될지 모르니 자만하지 말라는 뜻이다. 그만큼 부모 뜻대로 안 되는 것이 자식 농사다.

나이 먹으면 인격과 지식이 비슷해지고, 돈 많아도 나를 위해 쓸 곳이 줄어들고, 언제 죽을지 모르는 것이 같아진다. 결국, 인생은 정상에서 다 만나게 설계돼있다. 고로 '인생은 하고 싶은 일 하면서 그날그날 닥치는 대로 사는 것이 최고'다. 그 옛날 산행 때 선배님들 고견처럼 '겸손한 놈, 건강한 놈이 이기는 놈'이다 가장 성공적인 정상은 오래도록 내 발로 걸어올라 밟고 서는 관악산 꼭대기다.

이 세상에 없는 네 가지가 있다. '비밀, 공짜, 돈 잃고 속 좋은 사람, 독불장군'이다. 세상 어떤 일도 '스스로 알고, 땅이 알고, 하늘이 안다'니 드러날 경우는 언젠가 드러난다. 공짜도 마찬가지다. '이 세상에 공짜 없다'는 평범한 진리를 마음에 새기지 않으면 낭패 당하기 십상이다. 정말로 일확천금을 벌수 있는 기회라면 자기 가족이나 형제들에게 먼저 주지 뜬금없는 남에게 줄 턱이 없다.

　책의 내용을 정리해보고, 새롭게 다져본다. 누구나 각자마다 자신만의 '무기'가 있을 것이다. 능력을 앞세우는 자본주의 사회에서는 가장 쉽게 돈을 무기로 삼는 사람도 있을 것이고, 권력이 무기인 사람도 있을 것이다. 돈도 없고 빽도 없는 이들은 도전정신과 패기를 무기로 삼을 수도 있을 것이고, 남다른 성실함을 무기로 삼는 사람도 있을 것이다. 겸손과 솔직함이 무기인 사람, 불굴의 용기와 포기를 모르는 오뚝이 정신을 가진 사람, 심지어 거짓말을 무기로 남을 속이는 사람도 있을 것이다. 하지만 하나의 무기만 가진 사람은 성공하기 어려운 세상이 되었다. 세상일이라는 게 너무나 복잡하고 다양해졌기 때문에 한 가지만의 무기로는 모든 문제와 위기에 적합하게 대응하기가 어려워졌다. 따라서 자신만의 무기는 복합적이어야 되고, 융합적이어야 될 것이다. 나만의 무기를 갖는다는 건 그만큼 자신감을 갖게 되는 것이다. 매사에 긍정적이고 적극적으로 대하게 된다면 어떤 일이라도 못해낼 일이 없을 것이다. 나만의 무기가 남을 공격하기 위한 것이 되어서는 안 될 것이다. 나를 보호하고 내 스스로가 성장하기 위한 준비물로 갖춰야 된다는 의미다. 그러기 때문에 나만의 무기가 중요한 것이다.

　나만의 무기를 만들기 위해서는 자기 자신에 대해 충분히 알고 있어야 된다. 그래야만 자기가 잘할 수 있는 것을 만들 수 있기 때문이다. 이를 위해 냉정하게 자기 자신을 분석해야만 된다. 나의 장점과 단점, 나에게 주어지는 기회와 위기 요소를 분명하게 알고 있어야만 자신만의 무기를 갖출 수 있게 되는 것이다. 자기 자신을 냉정하게 판단해 보기를 권한다. 기업의 SWOT분석 하듯이 자신에 대한 철저한 SWOT분석[11]을 통해서 장점과 취약점, 기회와 위기 등이 현실에 부합되게 그리고 변해가는 세상에 맞게 수용된 SWOT분석을 지속적으로 반성과 계획, 실천을 반복해 가는 것이다. 이 방식은 생명이 있는 한, 게을리 않게 주기적으로 생각하며, 반듯이 성공 하려면 절박한 마음으로 이 방식에 임하면 된다.

이 책은 분명 자기계발서이다. 누군가의 삶에 긍정적인 영향을 주기 위해 쓰여진 책이다. 그러나 이 책이 일반 자기계발서와 다른 것은 무조건 자기만의 기준으로 누군가를 가르치려고 섣부른 충고를 하지 않고 있다는 것이다. 저자 스스로의 부족함과 꼬임을 여과 없이 보여주고 있다. 그 이야기 속에서 무언가를 깨닫는 것은 각자의 몫일 것이다. 저자는 이 책에서 88개의 무기를 제시하고 있다. 이겨놓고 싸울 수 있는 내 인생의 무기는 과연 무엇일까를 이 책에서 찾아보기 바란다.

---

11 강점(strength), 약점(weakness), 기회(opportunity), 위기(threat)의 앞 글자를 따서 SWOT 분석이라 하며 기업의 강점과 약점, 환경적 기회와 위기를 열거하여 효과적인 기업 경영전략을 수립하기 위한 분석방법이다. 개별적으로 분석할 수도 있지만, 주로 강점과 기회(SO)분석, 강점과 위기(ST)분석, 약점과 기회(WO)분석, 약점과 위기(WT)분석의 네 가지 방법으로 분석한다. 내부 요인과 외부 요인을 결합해서 생각해 보는 것이 향후 전략을 수립할 때 도움이 되기 때문이다.

변화하는 라이프스타일의 만족

라이프스타일이라는 개념부터 세계적으로 유행하는 라이프스타일, 전 세계의 성공한 라이프스타일 기업들과 소규모 샵들의 사례를 통해 진정한 라이프스타일 비즈니스란 무엇이고, 어떻게 하면 라이프스타일 비즈니스로 성공할 수 있을까에 대한 현안을 두고 다채롭게 고심을 하고 있는 것이 현실이다. 어떤 규모와 형태의 비즈니스든 라이프스타일을 파는 라이프스타일 비즈니스가 되지 않고는 미래 경쟁 환경에서 살아남을 수 없다는 메시지를 던지면서 미래 변화에 맞춰 창업하고 자신의 비즈니스와 브랜드를 혁신하고자 하는 모든 사람들에게 일깨어 줄 필요가 있다고 본다.

〈프롤로그_라이프스타일, 미래 비즈니스 모델의 가장 확실한 해답〉 중에서, "그래서 사업 준비라기보다는 나를 찾고 이해하는 공부를 시작한 것이다. 그 와중에 라이프스타일 비즈니스에서 새로운 깨달음을 얻게 된 것은 행운이었다. 나는 라이프스타일이라는 개념부터 시작해, 세계적으로 유행하는 라이프스타일들, 그리고 전 세계의 성공한 라이프스타일 기업들과 소규모 샵들을 꼼꼼히 살펴보았다. 이들로부터 진정한 라이프스타일 비즈니스란 무엇이고, 어떻게 하면 라이프스타일 비즈니스로 성공할 수 있을지 찾고자 했다."

〈라이프스타일이란 무엇일까?_라이프스타일은 현시적이며 이상적이다〉 중에서, "라이프스타일은 현실적이며, 동시에 미래 지향적이다. 우리의 삶은 현재의 경제여건과 여유시간에 매여 있지만 미래 5년, 10년 20년 후의 이상적인 삶의 모습을 투영하고 있다. 그래서 라이프스타일은 현실이라는 테두리 안에서 마음이 이끄는 곳을 바라본다. 당장 집 안의 가구를 전부 바꾸지 못하더라도 원하는 분위기를 내주는 소품 하나를 사는 것처럼 말이다. 따라서 현재의 겉모습과 소득수준만으로 라이프스타일을 판단하는 것은 제대로 라이프스타일을 파악하는 것이 아니다."

〈세계적으로 유행하는 라이프스타일_미니멀 심플 라이프스타일들〉 중에서, "미니멀 라이프스타일은 1인 가구 증가에 발맞춰 한동안 성장할 것으로 전망된다. 하지만 여기에는 저소득, 이혼, 노령화 등 어쩔 수 없이 미니멀리즘에 내몰린 비자발적 미니멀리스트도 상당수 존재한다. 이들의 삶의 목적이나 가치관은 미니멀리즘이 아닐 수도 있다. 소득이 늘고 가족을 이루는 등 환경 변화가 생기면 본래의 가치관에 따라 생활 패턴이 달라질 수 있다. 이 부분은 미니멀 라이프스타일 시장을 전망하는 주요한 요소가 된다."

〈라이프스타일 비즈니스가 온다_진짜 무한경쟁은 이제 시작이다〉 중에서, "거대 자본을 가진 기업만이 생산할 수 있었던 물건을 개인도 만들 수 있는 시대가 오고 있는 것이다. 내 라이프스타일에 맞는 컵이 필요할 때 매장을 찾는 것이 아니라 3D 프린터 앞에 앉을 날이 멀지 않았다. 생활용품부터 자동차까지 스스로 만들어 쓸 수 있게 되면, 자신이 만든 제품을 인터넷으로 전 세계에 팔수도 있을 것이다. 이로써 기업은 개인과도 경쟁을 해야 한다. 현재 3D프린터의 보급이 3D프린터 제조업체의 생각만큼 빠르진 않지만 개인 제조는 분명한 변화의 방향이다."

〈브랜드 혁신 라이프스타일 브랜드_라이프스타일 브랜드로의 혁신〉 중에서, "기업의 핵심 가치를 고객이 추구하는 가치와 맞추면 자연히 기업 브랜드는 라이프스타일 브랜드가 된다. 하나의 라이프스타일을 대표하는 기업의 사명과 핵심 가치는 명확하다. 라이프스타일의 기본 가치가 기업의 핵심 가치가 되고, 이 가치를 지켜가는 것이 기업의 사명이 된다. 많은 수식어가 없는 한 문장으로도 고객과 조직 구성원 모두가 기업과 브랜드의 철학을 명확히 이해할 수 있고, 조직 구성원들은 자연스럽게 핵심 가치와 사명을 따라 매사의 태도와 행동을 결정하게 된다."

〈승승장구하는 라이프스타일 기업들_프리미엄 한식 라이프스타일, 광주요〉 중에서, "문화는 시간이 가면 저절로 발전하는 것이 아니라 거기에 몰두한 사람들에 의해 발전한다. 아무도 지키지 않는 문화는 결국 쇠퇴하고 사라지고 만다. 우리는 역사 교육을 통해 고려청자나 조선백자의 미적, 기술적 우수성에 대해 익히 들어 알고 있다. 그런데 우리 주변에서는 한국 도자기를 쉽게 찾아볼 수 없다. 대신 그 자리는 중국과 일본, 유럽의 그릇들이 차지하고 있다. 집에 고급 와인 잔은 있어도 자부심을 갖고 외국인들에게 자랑할 만한 우리의 그릇 하나 없는 것이 지금 실정이다."

〈나만의 라이프스타일 비즈니스 시작하기_고객 라이프스타일 정의하기〉 중에서, "반면에 럭셔리 염품 브랜드는 보통 창립자의 이름을 그대로 따고 문양을 추가해 전통과 오리지널리티를 알린다. 에르메스의 브랜드 로고에는 고급 4륜 마차와 마부가 등장한다. 이 문양은 마구용품으로 시작한 에르메스의 180년 전통을 보여준다. 그리고 창업자 가문의 이름을 딴 브랜드에는 장식이 있는 폰트를 사용했다. 한국적인 라이프스타일을 제안하는 브랜드라면 국제적으로 통용될 수 있는 '비비고' 같은 한글 이름을 고려해 볼 수 있다."

위와 같이 다양한 사례를 통해보아도 라이프스타일의 변화와 대비를 위해 자신의 준비노력과 도전정신이 필요한 것이다. 소득이 일정수준을 넘어서면 소비방식에 변화가 오고, 새로운 비즈니스 형태가 등장하게 된다. 다른 사람들과 똑같이 하는 의식주 생활패턴에서 자기만의 독특한 소비패턴을 찾고자 하게 된다. 이런 변화가 바로 소비가 삶의 필요를 채우는 단순한 수단을 넘어 개성을 표현하는 방식으로 변화된다는 것을 의미하는 것이다. 이런 측면에서 진정한 라이프스타일 비즈니스는 내가 좋아하는 것을 함께 좋아해 주는 고객들과 함께 즐기고, 이것을 접해보지 못한 사람들에게는 새로운 삶의 방식을 제안하고 그 매력에 끌어들이는 것이라고 할 수 있을 것이다. '나로 살기'를 시작하기란 참 어려운 일이다. 우선 '나로 산다'는 것이 무엇인지 정하기도 어려울 뿐만 아니라, 나로 살면서도 행복할 수 있을지에 대한 걱정이 앞서기 때문일 것이다. 하지만 일단 나로 살기로 시작한 사람들은 한결같이 '나로 살길 잘 했다'고 말한다. 또한 '지금이 행복하다'고 말한다. '나로 산다'는 것은 내가 소중하게 생각하는 것을 지키고 더 아름답게 가꾸며 사는 것이다.

세상은 급변하고 있다. 과학과 기술 그리고 정보통신이 엄청난 속도로 발전하고 있기 때문이다. 과거에는 상상도 못했던 일들이 현실로 다가오고 있다. 바야흐로 제4차 산업혁명의 시대인 것이다. 이런 사회적 변화 속에서 자신의 라이프스타일을 찾아야 하는 건 당연한 일이다. 남들처럼 하던 시대는 이미 지나갔다. 자기 자신이 삶을 주도하는 시대이자, 만들어 가는 시대가 된 것이다. 여기에는 의식주 모든 생활이 포함되어 진다. 어떻게 살 것이지, 무엇을 하면서 살 것인지, 어디에서 살 것인지 등 스스로 생각하고 판단하고 실행하게 된다. 자신만의 스타일을 만들어 가는 것이다. 이미 이런 생활 변화를 예측해 미리 준비해 온 기업들도 있다. 이들 기업들을 통해 라이프스타일 비즈니스라는 새로운 비즈니스 모델을 제시해 주고 있다. 새로운 변화에 적응하고 발 빠르게 대처하는 기업은 생존할 수 있게 되겠지만, 그렇지 못한 기업들은 점점 비즈니스 세계에서 사라지게 될 것이다. 라이프스타일 기업으로 변화와 혁신을 이루고자 하는 기업이나, 새로운 비즈니스 모델을 찾는 기업, 그리고 자신만의 라이프스타일을 만들고자 하는 사람들에게 이러한 흐름에 수용할 수 있게 하는 것이 현재의 만족감과 미래의 행복을 추구할 수 있고, 또한 인간답게 삶을 영유해진다고 본다.

예정된 미래를 대비해야 한다

공주동해리 이곳은 사계절의 변화로 마음을 새롭게 해준다. 그러나 정보 매체를 통해 세상은 다양하게 급변해 가고 있는 것을 느껴진다. 코로나19 이후로, 주변 국가들의 경제 사정과 기후 환경 등이 많은 영향을 받게 된 것이 그러하다. 특히 우크라이나 전쟁 영향으로 금융이자는 고궁행진으로 대부분의 기업과 소상공인들에게 부담을 줌으로서, 운영 지탱하기가 한계를 느끼고 있는 실정이다. 그로 인해 유가나 물가가 상승되고, 국내 집값은 한없이 추락되고 있는 실정이다. 공주시를 포함해서 지방 인구감소로 지방도시의 존폐가 위태롭게 되어가고 있다. 그래서 2023년도 새해에는 정부정책 하나의 축으로서, 노령인구 증가와 인구절벽에 대한 대책 방안을 마련하는데 골머리를 썩고 있다. 공주동해리에 거주하고 있는 나로선, 국가를 포함한 전 세계가 어려움에 봉착하여도, 자신은 편안한 삶을 영유할 수 있어서 좋다. 여름부터 가을 늦게까지 활짝 핀 메리골드 꽃밭에서 아름다움을 감상할 수 있어서 더욱더 마음이 한가로워진다.

시니어의 보람된 삶을 위해

왠지 한가롭게 지내기에는 지식인으로서 마음이 놓이지 않는다. 그래서 미래에 대한 참조될 만한 책을 찾아서 읽고 나름대로 정리해 보고, 내가 할 수 있는 역할이 어떠한 것이 있는지 고민해야 하겠다. 이현훈 지음 책, "예정된 미래"를 읽고 나 자신의 미래를 위해 심중하게 고심을 하게 되었다. 내용들을 살펴보면 미래를 대비한 많은 공감대를 형성되게 한다. "네 가지 뉴노멀((New Norma)[12]과 제4의 길" 이라는 부제가 있는 '디지털 사회, 인구 고령화, 사회 양극화, 기후 위기'라는 네 가지 뉴노멀을 마주한 인류가 가야 할 제4의 길에 대한 방향을 심도있게 고민해 보아야 한다. 약 1만 년 전 시작된 농업혁명부터 디지털혁명까지 그 일련의 과정을 생각할 필요가 있다. 그리고 울트라 메가 혁명이라고 불릴 만큼 지구상뿐만 아니라 인류상 큰 변화를 가져온 이 혁명들이 초래한 네 가지 대변혁의 배

---

12 뉴 노멀(New Normal) 이란 '새로운 표준'이란 의미로 2008년 글로벌 금융위기 이후 펼쳐진 저성장, 저금리, 고규제 경제 환경을 대변하는 경제, 경영 용어이다. 2차 세계대전 이후 60여 년간 세계 경제가 3% 이상의 줄기찬 성장을 해온 시대를 오래된 표준, 올드 노멀(Old Normal)이라고 한다면 이제 세계 경제는 뉴 노멀 환경에 놓여있다. 일본과 서유럽에서 보는 것처럼 인구 고령화와 디지털 경제로의 급격한 변화와 같이 근본적인 환경 변화로 당분간 뉴 노멀의 시대는 지속될 것으로 생각된다. 2008년 글로벌 경제위기를 세계 최고 고성장 국가인 중국과의 경제교류로 직격탄을 피했던 한국경제는 주력 소비자수가 감소하면서 2016년부터 잠재 경제성장률이 3% 이하가 되었다. 이제 고성장 패러다임에 익숙한 기업들은 어려움에 직면해 있다. 과거 파이프라인 경제(pipeline economy)에서 소싱, 제조, 물류, 마케팅, 판매, 애프터서비스(After Service) 등의 부가가치 사슬 중 하나에 특화하여 빨대를 가지고 있으면 지속 성장했던 모델이 급격히 그 유효성을 상실하고 있다. 디지털 경제는 일종의 플랫폼 경제(platform economy)로 진화하면서 산업간 융합과 컬래버레이션이 새로운 부가가치를 창출하고 있다. 더불어 고객들이 SNS 등을 통해 긴밀히 연결되어 있고 시장의 투명도가 획기적으로 높아졌다. 디지털 시장 환경에 성공적으로 적응한 기업들은 지속 성장할 수 있게 된 것이다.

경과 경제적 관점에서 생각해야 되겠다. 또한 인류가 마주한 이 대변혁을 극복하기 위해서도 더욱더 고심을 해야 할 것이다.

울트라 메가 혁명인 농업혁명, 산업혁명 그리고 디지털혁명을 세 차례 겪으면서 우리의 삶은 윤택해졌다. 하지만 이제 윤택한 삶보다는 앞으로 벌어지고 있고 앞으로 계속 벌어질 네 가지 대변혁과 이 대변혁을 맞설 담대한 전환을 마주하고 이야기해야만 하는 시기가 도래한 것이다. 네 가지 대변혁은 '디지털 사회, 인구 고령화, 사회 양극화, 기후 위기'로, 거대한 가속이라고 불러도 될 만큼 그 속도가 매우 빠르게 진행되고 있다. 또한 이 대변혁들은 독립적으로 나타나는 것이 아니라 서로 영향을 주고받으며 진행되는 중이라는 점에서 주목해야 할 것이다.

인류사의 예정된 미래를 특징 짓는 이상의 네 가지 뉴 노멀은 모두 거대한 가속(Great acceleration)이라고 부를 만큼 노화 속도가 엄청 빠르다. 디지털혁명은 코로나 사태를 겪으면서 도약기로 진입했다. 도약기는 앞으로 10~20년 정도로 본다. 이 기간 동안 우리 인류가 살아야 할 새로운 디지털세계가 거의 제 모습을 갖출 것이다. 이 과정에서 우리 인류는 평균 수명 90세를 넘어 100세에 이를 것이고, 이제 태어나는 많은 어린이들은 최소한 120세 이상 살 것이다. 어쩌면 유발 하라리(Yubal Harari)가 『호모 데우스(Homo Daus)』에서 얘기하는 것처럼 인간은 수명을 통제하는 신의 영역에 이를 것이다. 그렇다고 모든 사람이 신이 되는 것이 아니다. 오직 일부만이 신의 영역에 이를 것이고 대다수는 이들의 신민이 되어 살아가야 할지 모른다. 한편으로 지구는 더 이상 인간의 약탈적 만행을 지탱할 수 없어 생물뿐만 아니라 최상위 포식자인 인류의 생존까지도 위협할 것이다.

〈예정된 미래. 네 가지 뉴노멀_디지털혁명의 기폭제:코로나 -19〉 중에서, 이렇게 새로운 일상을 가능하게 한 것은 인공지능(AI), 빅데이터(Big data), 클라우드 컴퓨팅, 디지털 플랫폼, e-비즈니스, 핀테크, 사물인터넷(IoT) 등과 같은 디지털 기술이다. 만일 코로나 팬데믹[13]이 10년 전에만 발생했어도 세계는 그냥 속절없이 당하기만 했을 터였다. 그러나 코로나 팬데믹이 발생한 시점 이전에 이미 인류는 디지털사회로 전환을 시작했고, 마침 코로나가 먼저 나가자 디지털사회로 본격적으로 전환하게 된 것이다.

조만간 코로나 팬데믹은 종식될 수 있겠지만, 우리 삶은 예전으로 돌아가지 않을 것이다. 대신 새로운 인류로의 진화는 계속될 것이다. 새로운 인류의 이름은 호모 디지털(Homo Digitalis)이다. 이미 새로운 인류의 이름으로 디지털 혁명에 따

---

13 팬데믹(Pandemic)은 사람들이 면역력을 갖고 있지 않은 질병이 전 세계로 전염·확산되는 현상을 말한다. 과거 팬데믹 사례로는 장티푸스, 천연두, 페스트, 콜레라, 인플루엔자 등이 있고, 최근 사례로는 인간면역결핍 바이러스(HIV)와 2009년의 인플루엔자 플루(H1N1 플루), 2020년의 코로나바이러스감염증-19(COVID-19) 등이 있다.

라 사피엔스가 로봇과 결합된 로보사피엔스, 스마트폰으로 모든 일을 해낼 수 있는 포노 사피엔스, 삶과 죽음을 결정하는 신의 영역까지 도달할 수 있는 호모 테우스로 불리지만 이를 모두 포괄하는 이름은 '호모 디지털'이다.

어쩌면 디지털 혁명과 함께 등장한 새로운 생산요소인 AI로봇이 인간의 노동력을 대체하고 있어서 인구가 고령화되더라도 생산은 감소하지 않고 도리어 증가할 수도 있다. 그러나 문제는 수요다. 생산에서 인간의 역할을 대신하는 AI로봇은 먹지도 않고, 입지도 않으며, 살 집도 필요가 없다. 수요가 위축되는 상황에서 기업들이 투자를 늘릴 수 없다. 결국, 인구 고령화가 진행되면서 총수요가 위축될 수 있다. 이는 결국 재고 증가로 급작스런 경기 충격이나 장기적인 경기 침체로 이어질 가능성이 크다. 1929년 반발했던 세계 대공황도 당시 대량생산방식 등의 도입으로 생산은 빠르게 늘었는데 개량생산 방식에 쫓겨난 노동자들의 수입이 줄면서 총수요가 감소한 것이 중요한 이유였다.

세계에서 가장 많이 사용되는 SNS인 페이스북(Facebook)은 직접 생산하는 콘텐츠는 없으며 세계에서 가장 가치 있는 소매업체인 아마존도 직접 생산하는 상품이 없다. 세계에서 가장 큰 숙박업체인 에어비앤비(Airbnb)는 소유한 호텔이 없다. 그럼에도 불구하고 에어비앤비의 기업가치는 전 세계 모든 호텔 체인보다 높은 것으로 평가받고 있다. 전통적인 택시 회사는 택시를 사서 돈을 벌지만 세계에서 가장 큰 택시 기업인 우버(Uber)는 소유하고 있는 택시가 없다. 따라서 우버는 자산을 소유하는 비용도 없고, 고용 비용도 없다. 자산을 소유하는 것이 아니라 디지털 플랫폼으로 컨트롤만 하는 새로운 유형, 이게 공유 경제의 특징이다. 대량생산과 대량소비가 특징인 산업 사회 경제와 달리 공유 경제는 생산 설비나 서비스를 개인이 소유할 필요 없이 필요한 만큼 빌려 쓰고(공유 소비) 자신이 필요 없는 경우 다른 사람에게 빌려주는(공유 생산) 것으로 환경의 지속가능성을 높이는 데에도 도움이 된다.

코로나19 바이러스는 인류가 경험하지 못했던 재앙이 오고 있음을 경고하기 위해서 태어났다. 코로나가 인류에게 주는 경고를 들어야 한다. 그동안의 삶의 태도와 방식에 대한 처절한 성찰과 회개가 필요하다. 그것은 다름 아닌 이웃을 내 몸같이 사랑하고 자연을 선하게 관리하려는 마음으로의 전환이다. 이것이 바로 우리 인간이 삶의 이유이고 우리 인간을 창조하신 분에 대한 감사이기 때문이다.

이제 산업혁명 이후 지금까지 서구사회가 전파해온 초기 자본주의부터 사회주의, 수정자본주의, 신자유주의의 길에서 벗어나, 현대를 사는 인류 모두뿐만 아니라 미래세대 그리고 지구상의 모든 생태환경이 서로 동등한 가치를 인정하고, 지속적으로 포용하고 상생하는 제4의 길로 가야 한다. 핵심적인 내용을 정리하자면, 인류는 30만 년 역사 중 1만 년 전의 농업혁명,

그리고 18세기 중엽부터 최근까지 산업혁명에 이어 세 번째의 울트라 혁명인 디지털 혁명기에 놓여 있다. 아울러 그동안 경험해 보지 못했던 인구 고령화, 사회 양극화, 기후 위기를 마주하고 있다. 네 가지 뉴노멀은 모두 인류가 만들어낸 거승로 축복이 아닌 거대한 재앙을 불러올 가능성이 매우 높다. 이에 따라 네 가지 뉴노멀이 가져올 수 있는 대재앙으로부터 살아남기 위한 방안으로 '담대한 전환' 필요한 시기 있다.

우리는 현재 더 없이 편안하고 윤택한 삶을 살고 있다. 메타버스(Metaverse)14라는 가상의 공간에서 만남을 갖고, 게임과 콘서트를 즐기며 쇼핑을 하기도 하는 편리한 사회에 살고 있다. 또한 어린 시절 보았던 공상과학소설이나 영화 속에서만 보이던 로봇은 이제 일상생활 속에서 함께 살아가고 있을 정도가 되었다. 이런 사회를 살고 있다 보니 앞으로의 사회는 어떻게 변화할지는 우리들의 상상에 달려있을 것이다. 하지만 이제는 이 편안함과 즐거움으로 애써 덮어두고자 했던 문제들인 인구 고령화, 사회 양극화, 기후 위기, 디지털사회들을 바라보아야 할 시기가 되었다. 그리고 그 문제들은 더 이상 등한시할 수 없는 지경에 이르러 국가 차원의 문제가 아닌 전 세계가 함

---

14 메타버스는 현실에서의 상호작용을 가상 공간에 구현한 여러가지 형태나 콘텐츠들을 통칭하는 신조어. 컴퓨터와 콘솔게임으로 모니터를 보며 즐기던 2차원 게임 방식에서 3차원 체험형 가상현실, 증강현실, 혼합현실, 확장현실로 형태가 급속도로 진화 중이다. 이건 단순히 엔터테인먼트 분야에 국한되지 않고 일선 기업과 산업 현장에도 적용되어 메타버스를 이용해 설계와 공정 작업 등 현장에서 보다 입체적이고 정밀한 작업을 수행할 수 있게 되었다.

께 풀어나가야 할 숙제가 되었다.

이에 대한 답으로 자본주의, 사회주의, 신자유주의의 길에서 벗어나 지구상의 모든 생태환경이 서로 동등한 가치를 인정하고 지속적으로 포용 상생하는 제4의 길(참 성장, 분배, 환경의 융합)을 제시해 주고 있다. 제4의 길은 참 성장, 분배, 환경의 융합이다. 이미 벌어지고 있는 예정된 미래에 대해 가감 없이, 우리에게 위기감과 함께 방향을 고심하여 현명한 대처와 우리의 삶이 위축(爲祝) 받지 않게 노력해야 할 것이다. 나는 국내의 지방도시의 위기를 극복하기 위해 어떠한 것이 있는지 찾아보고, 내가 할 수 있는 일을 찾아서 위기극복에 보탬이 되게 참여해 보자.

이율곡 인문학에서 배우는 참된 인생관

여태까지 지식과 경험을 습득하기 위해, 수십 년간 쉬지 않고 달려왔다. 물론 가정교육과 학교 예절교육 직간접으로 배우기는 했으나, 진정한 인성에 대한 예의에 대한 공부가 필요하다. 특히 동양인다운 참된 인생관에 대하여 호기심이 생긴다. 한국형 인문학에서 배울 수 있는 참된 인생관 철학을 파헤치고 싶어진다. 그래서 한정주 저자가 지은 책을 보고 이율곡 인문학 사상을 생각해본다. "조선 최고 지성에게 사람다움의 길을 묻다"라는 이 책은 현대를 살아가고 있는 우리가 본받을 만한 위대한 스승 중 한 분인 이율곡 선생의 삶의 자세와 철학을 담아 낸 인문서이며, 그와 함께 살아간 16세기 다양한 인물들의 문장과 삶을 곳곳에 찾아볼 수 있는 매력적인 역사서이다. '구도장원공(九度壯元公; 아홉 번 장원급제를 한 사람)'이라 불린 조선을 대표하는 대표적 천재이자 사후 문묘에 배향될 정도로 존경받았던 조선 최고의 지성인 이었던 율곡 이이의 인간적인 삶을 엿볼 수 있을 것이다.

특히 평생 '사람다움의 길'에 대해 질문하고 성찰하며 실천하는 삶을 살아 조선 성리학을 집대성한 위대한 학자인 동시에 현실의 한계 속에서도 끊임없이 개혁 정치를 꿈꿨던 실천적 이

성의 면모를 모두 지닌 율곡선생이 평생 삶의 지표로 삼았던
『자경문』15을 중심으로 그가 말하는 '인문정신'이 무엇인지 '사
람다움의 길'이 무엇인지를 배울 수 있을 것이다. "공부(工夫)"
에 대한 주제로 시험을 위한 공부가 아닌 평생 배우고 익히고
생각하여 온전한 내 것으로 만드는 진정한 공부의 방법과 자세
를 다루고 있다. 그리고 "진성(盡誠)"에 대한 주제로 뜻을 지켜
내기 위한 집념과 열정 그리고 실천을 강조하고 있다. "정의(正
義)"에 대한 주제로 사람이 지켜야 할 정의가 무엇인지에 대한
내용이 있다.

---

15 자경문(自警文) : 공부에 힘쓰되 늦추지도 말고 보채지도 말라. 죽는 순간까지
계속되는 것이 공부니라. 공부의 효과가 빨리 나기를 구한다면 그 또한 이익을 탐
하는 마음이라. 만일 이같이 아니하면 어버이에게서 물려받은 몸뚱이를 욕되게 함
이니, 그것은 곧 사람의 아들 된 도리가 아니니라.

1. 입지(立志) : 마음에 큰 뜻을 품고, 목표를 크게 가진다.
2. 과언(寡言) : 말을 적게 한다.
3. 정심(定心) : 마음을 안정하게 한다.
4. 근독(謹獨) : 홀로 있을 때에도 몸가짐이나 언행을 조심한다.
5. 독서(讀書) : 글을 읽는 이유는 옳고 그름을 분간하고 일을 할 때에 적용하기 위
해서다.
6. 소제욕심(掃除慾心) : 재물과 명예에 관한 욕심을 경계한다.
7. 진성(盡誠) : 일을 함에 정성을 다한다.
8. 정의지심(正義之心) : 정의로운 마음을 가진다.
9. 감화(感化) : 누군가 나를 해치려고 한다면 스스로 반성하고 그의 마음을 돌리
게 한다.
10.수면(睡眠) : 마음을 항상 깨어 있게 하고 바르게 자야 한다.
11.용공지효(用功之效) : 공부를 게을리 하거나 서두르지 않는다. 공부는 평생 꾸
준히 하는 것이다.

〈머리말: 왜 지금 율곡 인문학인가?〉 중에서, 우리가 '인문학(人文學)'을 중시하고 공부하는 까닭은 '인간의 학문'이라는 말 그대로 인간답게 살기 위해서다. 사실 인문학의 본령(本領)은 단순히 지식을 추구하고 탐구하는 것에 있지 않다. 인문학이란 곧 인간다움에 대해 의문을 제기하고 질문을 던지는 학문이며, 자신을 포함한 인간과 사회와 세계를 비판적으로 이해하고 성찰하는, 나아가 그 모두를 변화시키고 혁신하는 데 진정한 뜻을 둔 학문이다. 이를 위해서는 무엇보다 비판과 성찰과 변화와 혁신의 좌표와 방향이 있어야 한다. '사람다움'이 무엇인가에 대한 질문과 의문은 바로 이러한 좌표와 방향을 잡기 위해 필수 불가결한 제일의 과제라고 할 수 있다.

〈혁파구습(革罷舊習); 낡은 습관을 혁파하라_첫 마음을 기억하라〉 중에서, 낡은 습관을 과감하고 용감하게 끊어 내지 못하는 입지란 '모래 위에 지은 누각'의 신세와 같다. 율곡이 입지와 더불어 혁구습(못된 옛날 습관을 혁파하라)을 강조한 진정한 이유가 바로 여기에 있다. 뜻을 세우되 자신의 몸과 정신을 여전히 장악하고 있는 나쁜 기질과 품성 그리고 낡은 습관과 잘못된 버릇을 고치거나 끊임없이 자신을 혁신하지 못한다면, 오히려 스스로 세운 바로 그 뜻이 약이 아닌 독이 될 수도 있다는 사실을 깊이 새겨야 한다는 의미다.

〈신언구언(愼言懼言); 말을 삼가고 두려워하라_현명한 사람의 입과 어리석은 사람의 입〉 중에서, 현명한 사람의 입은 마음속에 있고 어리석은 자의 마음은 입 안에 있다고 했다. 현명한 사람은 그 뜻이 깊고 넓어 말보다는 자기성찰과 행동으로 표현하지만, 어리석은 자는 말로 자신의 마음과 정신을 포장하려고 하기 때문에 말을 멈추지 못한다. 문제는 그 말들이 오해와 분쟁을 만들 수 있다는 데 있다. "입을 열면 침묵보다 뛰어난 것을 말하라. 그렇지 못할 거면 차라리 가만히 있는 편이 낫다." 말에 대한 율곡의 생각을 단적으로 엿볼 수 있는 격언이다.

마음은 내 몸의 주인인데, 이 마음이 한순간 깨닫지 못하는 사이에 내 안에서 빠져나가 버리면 물질적 욕망에 빠지게 되고 그렇게 되면 몸에는 주인이 없어진다. 결국 몸이 행하는 모든 일에서 기강이 사라져 자기 몸이 어디에 있는지도 자각하지 못하게 된다는 의미이다.

〈선찰오심(先察吾心); 마음을 먼저 다스려라〉 중에서, 그런 만큼 마음을 다스리는 공부는 무엇보다 중요하다. 율곡은 마음공부를 그 어떤 배움보다 먼저 이루어야 한다고 믿었다. 제 마음 하나 다스리지 못하는 사람이라면 배움을 이뤄 도를 행하고 장차 벼슬길에 올라 백성을 다스리는 것도 불가능하다는 것이다. 따라서 특히 공부를 시작하는 사람은 무엇보다 마음을 먼저 다스려야 한다고 주장했다.

〈군위근독(君爲謹獨); 리더로서 근독의 본보기가 되어라_스스로를 살피고 또 살펴라〉중에서, 다시 말하자면, 예가 아니면 보지도 말고, 예가 아니면 듣지도 말고, 예가 아니면 말하지도 말고, 예가 아니면 행동하지도 않는 것이야말로 근독과 극기의 요점이라는 것이다. 무엇이 예이고 무엇이 예가 아닌지를 구별해 실천하려면, 인간의 선한 본성을 깊이 탐구하는 한편으로 스스로를 살피고 또 살펴서 행동해야만 한다. 그것은 율곡이 선조에게 올린 '군왕이 갖추어야 할 참다운 자질' 중 하나이기도 했다.

〈순환숙독(循環熟讀); 순서와 절차에 따라 독서하라 역사서는 꼭 읽어라〉중에서, 역사서만큼 인간사를 잘 보여주는 책은 없다. 역사서에 쓰여 있는 성공과 실패의 사례 속에는 성공과 실패를 둘러싼 사람들의 판단과 결정 혹은 과정과 결과가 모두 드러나 있기 때문이다. 또한, 성공한 자라고 해서 늘 옳은 것만은 아니며 실패한 자에게서도 배울 점은 얼마든지 있다는 사실도 알려 준다. 이때 중요한 것은 역사적 사실을 미루어 생각하여 앞날을 대비하는 자세. 율곡이 당시 누구도 예측하지 못한 대혼란(임진왜란)의 징후를 감지하고 방비책을 서둘러 강구한 바탕에는 역사서 읽기를 통한 현실 진단과 미래 예측이 있었다는 사실을 기억하자.

〈전력어인(全力於人); 사람을 정성껏 대하라_진심으로 친구를 대하라〉중에서, 진정한 친구는 일면 부모와 같이 의지할 수 있고, 형제와 같이 고민을 나눌 수 있으며 스승과 같이 배울 점이 있는 사람이다. 진정한 친구가 되려면 자기 자신부터 그런 사람이 되어야 한다. 이런 역할을 하는 사람의 마음에는 '사람다움의 도리'가 있지 않을 수 없다. 만약 상대가 자신이 원하는 것을 가지고 있어서 친구가 되려고 하거나, 원하는 것을 얻기 위해 의지하려고 해서는 안 된다. 이것은 친구로 사귀는 것이 아니라 자신의 욕심을 채우기 위해 그 사람을 이용하는 것에 지나지 않는다, 마찬가지로 그런 사사로운 욕심을 가지고 자신에게 다가오는 사람을 진정한 친구로 받아들여서는 안 된다.

'이율곡 인문학' 내용의 핵심 메시지를 살펴보면, 율곡선생이 스무 살 무렵 지어 평생의 좌우명처럼 삼았던 『자경문(自警文)』을 중심으로, 그가 평생 공부하고 실천했던 삶을 살펴봄으로써 오늘날 우리에게 필요한 '인문학 정신'이 무엇인지, 마땅히 추구해야 할 '인간다움의 길'이 무엇인지 다시금 일깨워주고 있다. '스스로 깨우치고 경계하는 글'인 『자경문』은 열한 개의 선언문으로 구성된 짤막한 글이지만, 거기에는 율곡선생의 '사람다움'에 대한 철학과 실천적 삶의 자세, 즉 '율곡 인문학'의 정수가 담겨 있다. 율곡선생은 뛰어난 학문적 깊이를 바탕으로 현실을 직시하고 모순을 극복하는 지혜와 살아가는 데 실제적으로 도움이 되는 가르침을 많이 남겨 주었다. 특히 율곡 선생의 말과 글, 그리고 삶을 통해 인문학이 추구해야 할 길인 '사람다움이란 무엇인가?', '사람답기 위해서는 어떻게 해야 할 것인가?'라는 의문과 질문을 통해 인문학 공부의 의미와 방법, 그리고 실천을 배울 수 있을 것이다.

 벼슬에서 물러난 이후의 율곡선생은 경제적 어려움에 처하자 바로 직접 대장간을 꾸리고 호미 등 농기구를 팔아 생계를 이어나는 모습을 보여주었다. 일찍이 "사람다움이란 배워서 깨닫고 실천하는 데서 나온다"고 했던 자신의 말과 철학을 직접 실천하는 모습을 보여주고 있다는 점에서 참다운 선비이자 스승임을 일깨워 주고 있다. 율곡선생의 삶은 '인문정신'과 '사람다움의 길'을 보여주고 있는 것이며, 시대를 뛰어넘어 오늘날 우리에게 큰 울림을 주고 있다. '이율곡 인문학'을 통해 자신을 냉철하게 성찰해 보고 사람답게 살아가는 방법을 찾아보기 바란다. 그동안 이율곡 선생의 사상 철학이 담긴 '이율곡 인문학'에 좀 더 충실하였더라면 하는 아쉬움이 남는다. 그러나 나 역시도 한편으로는 지금까지 열심히 공부하면서 일해 왔다. 율곡의 『자경문』 11가지를 볼 때, 자신의 지식과 지혜만을 습득하기 위해 부단히 노력해온 점에 대하여 다시 한번 반성해 본다. 그리고 부족한 인문학적 철학이라는 중요한 함수 요인을 추가하여 융합적 사상이 고찰되도록 반성과 더불어 심중한 성찰을 통해서, 남은 인생 아름답게 가꾸어 나가야 하겠다.

자신의 자존감을 높여 보자

　평생 동안 자신의 지식과 경험을 축적하기 위해 부단히 노력해 왔었다. 얻어진 지식과 경험을 자신을 위해 제대로 이용해 보지도 않고, 오직 조직사회의 일원으로서 주어진 일에 충실히 이행하였다. 눈치도 보고, 조직에서 퇴보되지 않기 위해 자신의 자존심을 망각한 체 오로지 생각 없이 일벌처럼 일에만 몰두한다. 비단 내뿐만 아니라 대부분의 사람들이 그리하였고, 지금도 그렇게 지내고 있는 것이 통례인 것처럼 느끼고 살아가니 한심하기도 하다. 그래서 자존감을 획득하기 위한 방법을 알아서 실천하게 하여 자신의 자존감을 찾게 하고자, 그 방법을 알려주고자 한다.

　자존감이 우리 삶에 미치는 영향과 자존감을 끌어올리는 실질적인 방법을 알려주고자 한다. 그리고 높은 자존감을 갖고 싶지만, 방법을 모르는 사람이나, 낮은 자존감 때문에 내면의 불화와 갈등을 겪고 있는 이들이 건강한 자존감을 회복하는 데 필요한 방법을 안내해 드리고 싶다.

　특히 취약한 환경에서 자존감에 상처를 입는 사람들을 위해 확실한 조언해 드리고 싶다. 현실을 바꿀 수 없는 이들을 위해 처한 환경 속에서 자존감을 지키고 회복하는 현실적인 방법을 알려드리고자 한다. 한 예로 직장인이라면 직장 만족도, 직업 만족도, 자기 만족도를 명확하게 구분함으로써 자존감을 지켜내야 된다. 또한 '나를 사랑하라' '자신감을 가져라' '자신을 믿어라'라는 말은 하기 쉽지만 나를 사랑하자고 수백 번 되새긴다고 해서 자기애(自己愛)가 저절로 솟아나는 건 아니라고 강조하고 있다. 자신을 향한 시선, 마음, 감정, 행동이 자존감과 밀접하게 연결되어 있기 때문이라는 것이다. 따라서 자존감이 올라가면 감정, 생각, 행동에 영향을 미쳐 자신감, 자기애, 삶의 만족도 저절로 올라갈 수 있는 것이다.

〈자존감 회복을 위해 버려야 할 마음 습관_예민함〉 중에서, 살다 보면 누구나 안 좋은 일을 겪을 수밖에 없다. 상처받고 배신을 당하고 원하는 것을 잃을 수도 있고, 기대했던 것들이 실망으로 돌아오기도 한다. 이때 자존감 강한 사람들은 크게 흔들리지 않는다. 인생에서 발생한 나쁜 사건이 자존감까지 약해지도록 하지 않는다. 힘든 일이 생긴 건 안타깝지만, 그걸로 삶이 휘어지진 않는단 얘기다. 말하자면 나쁜 일과 자신 사이에 단단한 벽이 있어서, 바이러스를 항체가 방어하듯이 자신과 연결 짓지 않는다.

〈사랑 패턴을 보면 자존감이 보인다_자신의 가치를 부정하는 사람〉 중에서, 인생을 조금 편하게 살고 싶다면 평소 자신에게 "괜찮아"라는 말을 자주 해줘야 한다. 우리는 너무 오랫

동안 남들과 경쟁하고, 비교하고, 비난당하며 살아왔다. 그래서 필요 이상으로 스스로를 이상하고 부족한 사람으로 매도 해왔다. 우리의 자아는 억울함과 슬픔에 빠져 있다. 그러니 이제부터라도 조금 과하다 싶을 정도로 위로를 해주어야 한다. 자존감이 낮아져 있어도 괜찮다. 그 덕에 더 노력할 수 있었고, 때론 무기력에 빠져 쉬는 시간도 가질 수 있었다. 그저 "괜찮아. 그동안 수고했어!"라고 얘기해주면 된다. 지금 당장 그게 되지 않는다고 해도 괜찮다. 우린 이제 첫발을 뗐을 뿐이니까.

〈자존감이 왜 중요한가?_자존감의 세 가지 축〉 중에서, 자존감에는 세 가지 기본 축이 있어서 사람들마다 자존감의 의미를 달리 해석하기도 한다. 세 가지란 자기 효능감, 자기 조절감, 자기 안전감이다. 흔히 자존감을 '자신을 사랑하는 정도'라고 생각하는데 이것도 맞는 표현이다. 스스로 쓸모없다고 느끼거나, 자기 조절을 못하거나, 마음 상태가 안전하지 않은 사람은 자존감이 낮아 자신을 사랑하기 어렵고 남을 사랑하기도 어렵다. 그래서 자신을 얼마나 사랑하는가는 자존감의 상태를 가늠할 수 있는 잣대가 된다.

〈자존감 회복을 위해 극복할 것들_상처 극복하기〉 중에서, 사람들에게는 저마다 마음에 급소가 있고, 이는 과거에 경험한 상처와 연관되어 있다. 형제간의 차별이 상처로 남은 사람에게는 경쟁을 해야 하는 상황이 급소다. 억울한 누명을 쓴 트라우마가 있는 사람은 조금이라도 억울한 상황이 되면 급소로 작용한다. 사람마다 작용하는 급소가 다르다.

〈자존감을 방해하는 감정들_뜨거운 감정 다루기〉 중에서, 감정은 날씨와 같다. 살다 보면 일 년 내내 맑은 날은 없다. 흐린 날도 있고 비도 오는 날도 있다. 마찬가지로 감정 변화도 전혀 이상한 일이 아니다. 기상예보관은 날씨를 조정하는 사람이 아니라 날씨를 파악해 맑은 날은 옷을 가볍게 입고 흐린 날은 우산을 챙기라고 알려주는 사람이다. 감정을 잘 조절하는 사람도 이와 같다. 생겨나는 감정을 없애거나 바꾸려 하는 게 아니라 감정을 파악하고 무엇을 해야 할지 알 뿐이다. 하지만 자존감이 낮은 사람들은 생겨나는 감정에 불만스러워한다. 마치 맑으면 햇살이 강해서 싫고, 비가 오면 습해서 싫다는 것처럼 말이다. 변하는 날씨는 인간의 힘으로 어떻게 할 수 없다. 때때로 변화는 날씨에 맞춰 대처하는 수 있을 뿐.

중요한 요점을 정리해보면, 자존감이 중요하다는 사실을 누구나 알고 있을 것이다. 하지만 실제로 자존감을 높이는 방법이 어떤 것인지에 대한 시원한 답을 말해 줄 수 있는 사람이나 책은 거의 없을 것이다. 그런 점에서 '자존감을 실제로 높여주는 실천법과 행동'을 단계별로 제시하고자 한다. 자존감을 끌어올리기 위해 다섯 가지 실천방법을 제시하고자 한다.

첫 번째가 자기 자신을 맹목적으로 사랑하기를 결심하는 것이다.

두 번째는 자기 자신을 무조건 사랑하라는 것이다.

세 번째는 스스로 선택하고 결정하는 것이다.

네 번째는 '지금, 여기'에 집중해야 되는 것이다.

다섯 번째는 패배주의를 뚫고 앞으로 나아가는 것이다.

자존감은 어릴 때부터 키워줘야 된다. 가장 좋은 방법이 '칭찬하기', '사랑하기', '격려하기' 등등 긍정적인 평가를 해주는 것이다. 또한, 스스로가 자기 자신을 사랑해야만 된다. 자기 자신도 사랑하지 못하면서 남을 사랑한다는 건 말이 되지 않는 행동이다. 자기 자신을 사랑할 수 있기 위해 자존감을 높여야 된다.

인생의 주인공은 바로 자기 자신이다. 그러기 때문에 어떤 삶을 살 것인가는 바로 자기 자신에게 달린 것이다. 인생에 있어서 모두 행복한 삶을 살기를 원할 것이다. 그러기 위해서 자존감을 높여야 될 것이다. 자존감이 높다는 건 바로 자기 자신을 당당하게 인정하는 것이다. 자기 자신을 완전하기 믿고 신뢰하는 것이다. 그래야만 성공적인 인생을 살아갈 수 있게 되는 것이다. "늦었다고 생각될 때가 가장 빠를 때"라는 말도 있다. 지금부터 자존감을 높이는 삶을 살아가자.

단 한 번뿐인 내 인생을 내 뜻한 대로 살자

우리 인생은 한 번뿐이다. 결코 두 번의 기회는 없다. 영웅호걸도 장삼이사(張三李四)[16]도 다 똑같다. 오직 단 한 번의 기회만이 있을 뿐이다. 삶의 형태나 내면의 차이는 있겠지만 한 번의 기회만은 모두에게 똑같다. 자기 뜻대로 산다는 건 어떤 의미일까? 뜻은 곧 마음이니 내마음대로 살라는 의미이다. 사람의 마음은 그 사람의 자질과 성향에서 생겨난다. 내 속에 바라는 바가 있고 행하고 싶은 것이 있으면 그것이 곧 내 마음이다. 그 마음대로 하면 매사가 자연스럽고 원만할 것이다. 때론 미움 받을 용기도 필요하다.

부처님께서는 최후의 순간에도 제자들에게 뜻을 세우고 이를 위해 매진하라고 당부했다. 부처님은 앞날이 보장된 왕위 계승자였다. 왕좌를 포기하고 중생 구제에 나선 부처님은 일생을 구도자요, 실천가의 삶을 살았다. 만약 부처님이 자신이 세운 뜻을 중도에 포기하였다면 인도의 한 소왕국의 왕으로 살다가 생을 마쳤을 것이다. 그러나 부처님은 끝내 자신의 뜻을 굽히지 않고 그 길로 매진한 끝에 세인이 우러러 받는 인류의 영원한 스승이 되었다.

---

16 장삼이사(張三李四): 이름이나 신분이 특별하지 않은 평범한 사람들

김시습은 당대 최고의 지식인이요, 비판적 행동가였다. 그러나 그는 자신의 끼와 재능을 마음껏 펼치지 못했다. 평소 그가 몸을 의탁했던 곳은 궁궐의 벼슬자리가 아니라 자연과 선문(禪門)이었다. 문사로서 그의 탁월한 재능은 한갓 글재주 정도로 치부되었다. 또 괴팍한 성격의 그를 두고 세상 사람들은 마치 광인(狂人) 대하듯 하였다. 허위허식에 가득 찼던 당시 기득권 세력들에겐 그가 그렇게 보이고도 남았다. '단종폐위' 맞선 보던 책 불태운 김시습은 배우고 익힌 것을 몸으로 실천한 참 선비였다. 높은 벼슬을 하진 못했으나 그의 삶을 어찌 실패한 삶이라 하겠는가. 오히려 그의 삶을 유방백세[17]라고 해야 옳지 않겠는가.

불온한 조선 청년을 사랑한 가네코 후미코의 짧은 삶은 고난과 시련의 연속이었다. 어려서는 부모에게 버림받았고, 사회에서는 무적자와 여자라는 이유로 가혹한 차별대우를 받았다. 그러나 그녀는 그런 삶을 거부하거나 비관하기는커녕 이를 딛고 일어서서 기존 체제와 맞섰다. 자신이 일본인이면서도 일본의 불법적 조선 통치를 비판하였고, 일본 사회를 옥죈 천황제의 불법성을 온몸으로 고발하였다. 한눈에 반한 조선 청년 박열을 위해서는 죽음도 같이 하겠다고 맹세하였다. 감옥에서 조차 그녀는 자신이 세운 뜻에 흔들리지 않았으며, 불과 23세에 불꽃같은 삶을 자살로 마감하였다.

행동파 경제학자, 실천적 생태론자 니어링은 철저한 채식주

---

17 유방백세(流芳百世); 꽃다운 이름을 후세에 길이 전함

의자이자 실천가였던 그는 백 살이 되자 자신의 삶을 정리하고 스스로 곡기를 끊었다. 아내 헬렌 니어링과 함께 펴낸 책 이름처럼 그는 '조화로운 삶'을 살았다. 1983년 8월 24일 아침, 그는 침상에서 아메리카 원주민들의 노래를 조용히 읊조[18]렸다. "나무처럼 높이 걸어라, 산처럼 강하게 살아라. 봄바람처럼 부드러워라." 그리고는 평생의 동지이자 아내 헬렌 니어링이 지켜보는 가운데 평화롭게 삶을 마쳤다.

운동권 출신 생명·협동조합 운동가 장일순은 스승의 삶을 본받아 뜻을 세운 후 평생 그 뜻대로 살고자 노력했다. 굽이굽이마다 자신에게 주어진 소임을 마다하지 않았으며, 늘 외롭고 핍박받는 이웃들의 든든한 언덕이 돼주었다. 그가 일군 '한살림'은 생명을 살리고 지구를 지키는 버팀목이 되어 우리 사회의 소중한 자산으로 성장했다. 그의 빈소에는 그 흔한 훈장 하나 없었다. 그러나 그는 시대의 지성으로, 원주의 정신적 기둥으로 후세의 추앙을 받고 있다.

국내에는 성공한 기업인이나 자본가가 수없이 많다. 그러나 그들 가운데 육영사업에 뜻을 세워 거금을 투자하고 혼신의 정열을 바친 사람은 드물다. 아직도 국내 사학재단의 대다수는 교육사업을 명예와 돈벌이 사업으로 인식하고 있다. 그러나 우유 팔아서 '민족사관고' 설립한 최명재는 분명히 달랐다. 돈을 쓰는 자세, 교육을 바라보는 시선이 달랐다. 그가 아니었으면 민사고와 같은 형태의 학교는 이 땅에 등장하지 못했다. 옹고

18 읊조: 뜻을 음미하면서 낮은 목소리로 시를 읊다.

집과 뚝심 하나로 그는 자신이 세운 뜻을 끝내 관철시켰다. 그의 자서전 제목은 〈20년 후 너희들이 말하라〉. 그의 말대로 20년 후에는 이 땅에도 노벨상 수상자가 나오지 않을까 싶다. 2022년 6월 26일 그는 95세로 타계했다.

　나의 인생을 내 뜻대로 산다는 것은 무슨 의미일까? '뜻'은 곧 마음이다. 그러니 내 마음대로 살라는 의미가 될 것이다. 사람의 마음은 그 사람의 자질과 성향에서 생겨나는 것이다. 내 속에 바라는 바가 있고 행하고 싶은 것이 있으면 그것이 곧 내 마음이요 내 뜻이다. 그래서 내 뜻대로 하면 매사가 자연스럽고 원만해 질 것이다. 하지만 때론 미움 받을 용기도 필요할 것이다. 그런데 많은 사람들은 제 뜻대로 살지 못하는 경우가 다반사이다. 다른 사람들을 의식해 체면을 차리고 눈치를 많이 보면서 살아간다. 결국, 주변의 시선을 너무 의식하고 있기 때문이다. 그들에게는 '나만의 나'는 없다. 오직 가정 속의 나, 조직 속의 나, 세상 속의 나만 존재할 뿐이다. 사랑도 결혼도 두 번, 세 번 할 수 있고, 직장도 여러 번 옮길 수 있다. 그러나 인생은 절대로 두 번의 기회가 주어지지 않는다. 한 번 살고 나면 그걸로 인생은 끝난다. 그러기 때문에 이제부터라도 남은 삶은 내 뜻대로 살아야만 한다. 그래야 내가 하는 일 잘 되고 만족스러운 삶이 될 수 있다. 또한, 무엇보다도 죽을 때 후회가 없을 것이다. 우리의 삶은 편도 티켓을 들고 떠나는 여행길이다. 이제 100세 인생을 살아가는 여행길에서 중간에 여행을 포기할 수도 없다. 무작정 종착역을 향해 하루하루 새로운 여행의 즐거움을 누려야 될 것이다. 그러기 때문에 인생의 여행길을 내 뜻 대로 최대한 즐겨야 되는 것이다. 주변의 시선을 의식할 필요 도 없다. 오로지 내 뜻대로 살아가는 주인공이 되어야 한다. 이 곳 공주동해리 산골에서 남은 인생기간 동안, 내 뜻대로 살아 가는 방법을 재정리해서, 뜻한 소망과 보람찬 삶으로 후회 없 는 인생이 되도록 노력해 보는 거다.

챗GPT 등장으로 인간의 지성, 위협 받는다

세상은 급변해 가고 있다. 하루가 다르게 세상이 변해가고 있으니 말이다. 챗GPT 등장으로 시니어 우리들은 당황할 수밖에 없는 현실을 접하고 있는 것이다. 챗GPT 등장으로 인한 사회 전반적으로 혼돈 현상이 다음과 같이 일어나고 있다.

전문가 수준의 글을 작성하는 '챗GPT'가 세상에 나타나자 전 세계가 놀라움과 동시에 혼란에 빠졌다. 챗GPT를 개발한 곳은 인공지능개발 스타트업인 '오픈AI'다. 오픈AI가 개발한 챗봇인 '챗GPT'는 사용자의 요구사항에 맞춰 사실적이고 지적인 텍스트를 만들어 제공한다. 논문과 기사를 포함해 과거 인간들이 생성해낸 엄청난 양의 기존 텍스트를 AI가 소화해 작업을 수행하는 방법을 배우는 신경망 기반 시스템인 '대형 언어 모델'이다. 오픈AI는 지난해 2022년 11월 30일에 이를 출시하고 무료 사용을 허용했다.

챗GPT의 경우 시와 소설, 리포트, 블로그 등의 콘텐츠를 자유자재로 구사해 향후 구글의 검색엔진을 대체할 것이라는 평가를 받을 만큼 화제를 모으고 있다. 일각에서는 챗GPT의 등장이 지난 2007년 애플의 아이폰 출시와 비견된다는 평가도 내린다. 챗GPT와 같은 생성형 AI는 이용자에게 단순한 검색물이 아닌 독창적인 결과물을 제공하기 때문이다. 마이크로소프트(MS)는 지난달 오픈AI에 추가적인 투자를 단행하는 등 업계에서도 새로운 변화를 대비하는 움직임이 보이고 있다. MS의 사티아 나델라 최고경영자(CEO)는 2023년도 올해 1월 스위스 다보스에서 열리고 있는 세계경제포럼(WEF)에 참석해 오픈AI가 개발한 챗GPT 등을 MS 클라우드 애저(Microsofte Cloud Azure)[19]에 탑재하겠다고 밝히면서 "생성형 AI 도입은 생산성을 높이기 위해 필수적"이라며 "지식산업에 종사하는 사람들은 AI로 인해 일자리를 잃어버릴 수 있다는 두려움을 갖기보다 새로운 도구를 수용하는 데 익숙해져야 한다."고 강조도 했다.

하지만 이들이 열게 될 새로운 세계에 학계를 비롯한 다양한 영역에서는 일대 혼란이 벌어지고 있다. 실제 챗GPT가 인간이 쓴 글과 구분하기 어려운 수준의 결과물을 내놓자 이로 인한 부작용이 속속 드러나고 있기 때문이다. 지난해 12월 말 논문사전 공개사이트인 바이오아카이브(bioRxiv)에 게시된 출판전 논문에 따르면 인공지능(AI) 챗봇은 과학자들이 종종 발견할 수 없을 정도로 설득력 있는 '가짜 연구 논문 초록'을 작성할 수 있는 것으로 나타났다. 미국 일리노이주 노스웨스턴대 캐서린 가오 교수 연구팀은 챗봇에게 미국의사협회 학술지인

---

19 마이크로소프트 애저 : 2010년 시작된 마이크로소프트의 클라우드 컴퓨팅 플랫폼이다.

'JAMA'와 '란셋(Lancet)', '영국의학저널(BMJ)', '네이처 메디신'에 발표된 논문을 기반으로 총 50개의 인공 연구 논문 초록을 만들고, 과학자들이 이를 발견할 수 있는지를 실험했다.

결과는 처참했다. 연구팀 분석 결과 챗GPT로 작성한 의학 논문 초록 50편이 표절 검사 프로그램을 100% 통과했고, 전문가들 조차도 AI가 작성한 논문 초록의 32%를 가려내지 못했다. 역으로 사람이 쓴 초록 중 14%를 AI가 쓴 초록이라고 '착각'하기도 했다. 국제학술지 네이처는 전문가들 마저도 무엇이 '진짜 논문'인지를 구분하지 못하는 시대가 온 것에 대해 강한 우려를 표명했다. 영국 옥스퍼드 대학교에서 기술·규제를 연구하는 산드라 와처 교수는 네이처의 논평을 통해 "우리가 정말 전문가조차 사실에 대한 진위를 판단할 수 없는 상황에 처해 있다면 어렵고 복잡한 주제들 사이로 우리를 안내하는데 필요한 '중개인'을 잃었다는 이야기가 된다"고 밝혔다.

이미 10대·20대의 학생들은 모두에게 공개된 챗GPT의 도움을 받아 리포트와 과제를 작성해 학교에서 학생들에 대해 공정한 평가를 내리기 어려워지는 문제가 생겼다. 단어 몇 개만 입력하면 챗GPT가 '완성형 에세이'를 만들어주기 때문에 학생이 수업 내용을 이해하고 이를 바탕으로 과제를 직접 해 제출했는지 여부를 판단할 수 없어진 것이다. 실제 미국 뉴욕에서는 학생들이 챗GPT를 쓰지 못하도록 학내 와이파이 네트워크에서 챗GPT에 접근하지 못하도록 막았다. 대학들의 경우 집에서 과제를 해오는 대신 구술시험, 자필 보고서 등의 비중을 늘렸다. 디지털의 부작용을 막기 위해 다시금 '아날로그식' 평가 방법을 도입하는 셈이다.

챗GPT가 세상에 공개된 지 두 달밖에 지나지 않았지만, 미국 하버드대를 포함해 주요 대학과 연구소들은 챗GPT를 탐지하는 '방패'로 사용할 수 있는 프로그램을 개발하고 있다. 이처럼 디지털 기술이 발달하면서 인류의 삶이 편리해진 반면, 이면에서는 각종 부작용이 발생해 골머리를 앓는다. 기술 발달의 속도가 빨라질수록 부작용으로 인한 피해 역시 가파르게 증가한다. 이를 '디지털 역기능'이라고 부른다. 디지털 활용 기술의 특징인 익명성, 가상성, 접근 용이성, 모방성, 경로 의존성은 디지털 기술의 악용을 더욱 가속화 하고 있다. 앞서 언급한 챗GPT로 인한 우려뿐 아니라 AI로 얼굴과 음성을 합성한 딥페이크(Deepfake)[20], 사이버폭력, 디지털 격차로 인해 발생하는 문제, 디지털 치매, 디지털 테러 등도 모두 디지털 사회에서 발생할 수 있는 디지털 역기능이다. 실제 한국과학기술기획평가원(KISTEP)이 지난해 7월 국내 디지털 역기능 전문가 32명을 대상으로 심층 설문조사를 한 결과, 전문가들은 디지털 역기능의 심각성 수준이 현재 6.8점(10점 만점)으로 매우 높은 수준이라고 우려했다. 이들은 향후 이 심각성이 58% 이상 증

---

20 딥페이크(deepfake) : 딥 러닝(deep learning)과 가짜(fake)의 혼성어이며, 인공지능을 기반으로 한 인간 이미지 합성 기술이다. 생성적 적대 신경망(GAN)라는 기계 학습 ...

가할 것이라고 내다봤다. 또한 미래 디지털 역기능에 가장 큰 영향을 미칠 기술로는 AI(50%)가 꼽혔으며 메타버스(21.9%), 블록체인(15.6%), 지능형 로봇(12.5%) 순으로 나타났다.

발 빠르게 움직이는 마이크로소프트 빙(Bing)에서도 Chat GPT를 가지고 새로운 AI 챗봇을 출시하였다. 빙 챗봇 AI는 마이크로소프트가 2023년2월7일 미국 워싱턴주에 있는 MS본사에서 발표회를 열고 새롭게 출시한 인공지능 탑재 검색엔진이다. 빙 AI 챗봇과 Chat GPT의 차이점을 분석해보면, Chat GPT는 2년 전의 인터넷 모든 데이터를 갖고 학습된 자료로 서비스 제공하고, 짧고 간결하면서도 현실적인 답변을 해주는 편이다. 빙(Bing) AI 챗봇은 최근의 데이터(실시간 데이터)까지도 수용해서 인터넷 모든 데이터를 갖고 학습된 자료로 서비스를 제공해 줄 뿐만 아니라, 구체적인 출처와 인용구까지 방대한 글로 분석해준다. 마이크로소프트 측 관계자는 "아직 프리뷰 버전인 만큼 오류가 있을 수 있으며, 이용자들의 피드백을 반영해 계속 개선하는 과정에 있다"고 강조했다. 두 가지 AI챗봇 모두가 학습에 의해 점진적으로 진화되어 가고 있는 중이며, 앞으로 상호 경쟁으로 인하여 더욱 편리하고 유익한 자료 서비스가 기대된다.

2022년11월30일 챗GPT 등장으로 인한 전 세계 지식인들이 혼란에 빠지게 되었지만, 챗GPT를 잘만 이용하면 보다 고차원적인 지식체계를 재정립 할 수 있는 기회가 될 수 있다. 신속한 응답과 세밀한 분석결과까지 동시에 실시간 처리 이용이 가능한 여건으로 이때까지 하지 못한 일들을 신속하게 할 수 있고, 보다 더 다양한 변수들을 수용하게 되어 예측의 정확성에 가까운 답을 얻을 수 있게 된 것이다. 이 얼마나 괴기한 일이 아닐 수 없지 않는가? 앞으로 지식인은 융합화 된 사회과학적 지식기반에서 챗GPT를 도구로서 유익하게 이용하게 되어 과학이나 사회, 인문학, 예술 등의 사회 각 분야에 동시다발로 발전될 것으로 본다.

그야말로 기술의 대혁명이 다가온 것이다. 우리는 당황하지 말고 현실을 받아드리고, 그에 맞는 대비된 새로운 창업이나 업종을 고민할 때이다. 노인 장애인이 보조공학기기(로봇 돌봄이나 로봇 옷 등)인 웨어러블 디바이스[21](wearable, device)을 착용하여 젊음이들 못지않게 활동할 수 있듯이, 오히려 시니어 우리들은 챗GPT를 이용하여, 그 동안 쌓아온 지식들을 보다 더 한 단계 업그레이드 할 수 있는 기회이고, 아울러 복잡하고 세밀한 내용은 챗GPT를 이용으로 슬기롭게, 머리회전이 빠른 젊은이들을 앞지를 수 있는 기회라 본다.

---

21 웨어러블 디바이스(wearable device) : IT기술이 발달하고 점차 다양한 제품이 나오면서 등장한 용어이다. 입을 수 있는 전자기기를 지칭합니다. 입을 수 있는 전자장치를 개발하고 모든 기술을 웨어러블 테크놀로지라고 부르며, 컴퓨터가 장착된 옷, 컴퓨터나 핸드폰 기능을 할 수 있는 손목시계, 피부에 이식 시킬 수 있는 전자장치 등이다.

자신의 개발은 그만하고, 본인의 창업을 하라

자가운전을 하는 사람이라면 경험해 본 일이다. 바로 앞에서 달리는 자동차에 뒤 따를 때 일이다. 안전거리를 두지 않고 운전할 경우에는 앞 차량운전자에게 목숨을 맡겨야 한다. 속도를 올리면 따라 올려야 하고, 늦은 속도로 가면 따라 속도를 낮추어야 한다. 앞 차량이 사고 나면 함께 사고로 사망에 이르기까지 한다. 자기만의 안전거리 확보로 본인 페이스에 맞게 운전함으로 안전하고 편안한 드라이버를 할 수 있는 것이다. 내 경험으로 직장생활은 절박한 마음 없이 알락하게 사회생활을 할 수 있었다. 그기에 길들어지면 온실 속에서 자라는 식물이 노지에 이식되었을 때 생존하기가 몹시 힘들어진다. 그리고 나는 직장생활 하는 동안 젊음 열정을 받치기도 해셨다. 퇴직할 경우에는 얼마의 퇴직금과 회식위로(慰勞)로 끝이 난다. 그 후로는 망망한 일들이 전개되는 경험을 여러 차례 겪기도 했다. 과연 종속이 되어 직장생활을 하는 것이 좋은 것인지, 아니면 본인의 평생직장을 만들기 위해 창업을 하는 것이 좋은 것인지, 직장인이라면 누구 할 것 없이 한 두 번씩 고민하지 않는 사람은 없을 것이다. 그래서 자신의 개발은 그만두고, 본인의 창업을 하라는 얘기로 권하고 싶다.

어떠한 일도 목적지에 도달하게 되는 것이다. 인생의 삶도 마찬가지이다. 본인이 소속된 직장에 몸과 마음을 통째로 맡기게 되면 경영자의 운영에 따라 삶의 가치를 갖게 되는 것이다. 그래서 자신의 개발을 위해 직장에만 기대지 말고 독자적인 창업을 통해 본인의 능력을 발휘하고, 행복과 만족을 챙기자는 것이다.

자신이 그동안 경험과 지식기반으로 평생 성공하기 위한 방안을 강구해야 한다는 것이다. 자신의 기술이나 능력을 발전시키는 자기개발이 불확실한 뷰카[22](VUCA; 변동적이고 복잡하여 불확실하고 모호한 사회 환경)시대에 이르러서는 자기개발이 더 이상 나를 지키지 못하게 된다. 또한, 평생직장이란 이미 사라진지 오래며 그 어떤 회사도 회사의 미래를 장담할 수 없는 시대가 되었다. 뿐만 아니라 조만간 나의 업무는 인공지능에 의해 대체되거나 사라질 가능성이 매우 높아지고 있다. 이런 환경에서 자기개발만을 고집하는 건 상당히 위험한 것이다. 결국 자기개발만으로는 더 이상 나를 지킬 수도 살아남을 수도 없다는 것이다. 이에 따라 이제는 자기 스스로 가치를 만들고 수익을 창출해야 살아남을 수 있는 자기창업의 시대가 도래 하게 된 것이다. 자기창업은 세상에 하나뿐인 '나'로 성공하기 위한 시작이다. 자기창업가는 어떤 목표로 일하며, 무엇으

---

22 뷰카란 '변동성 volatile, 불확실성 uncertain, 복잡성 complex, 모호성 ambiguous'을 가리키는 단어이다. 이 용어는 냉전 후 미군이 작전을 설명하기 위해서 만든 것이며, 이제는 기업들이 빠르게 변화하는 시장에서 살아남기 위한 비즈니스 세계에서 자주 쓰이는 말이 되었습니다.

로 창업하여 평생 성공할 수 있는지 구체적인 방법에 대하여 고민해봐야 된다. 그리고 경험과 지식을 목표로 일하며, 일하며 쌓은 경험과 지식으로 평생 성공하는 삶. 세상에서 가장 가치 있는 아이템인 나를 창업하여 나로 성공하는 삶을 만든 자신의 생생한 스토리와 노하우를 재정립하는 것이다.

"경험과 지식으로 창업하다"라는 주제로 나만의 경험과 지식을 비즈니스모델로 설계하여 경쟁력 있는 창업 아이템, 콘텐츠로 만들고 수익을 창출하는 구체적인 실행 방법을 제시해야 한다. "경험과 지식으로 평생 성공하다"라는 주제로 평생 성공하는 자기창업가가 가져야 할 자기창업가정신(자기주도성, 혁신성, 진취성, 위험감수성)이 필요하다.

자기 자신의 기술이나 능력을 발전시키는 자기개발과 자기 자신의 더 나은 미래를 위하여 기초를 닦고 계획을 세워 어떤 일을 해나가는 자기 경영인 것이다. 하지만 개발과 경영 사이에 빠진 것이 하나가 있다. 바로 '창업'이다. 제아무리 나를 개발하더라도, 나를 창업하지 않으면 나를 경영할 수 없다. 〈프롤로그_자기개발을 넘어선 자기창업의 시대〉에 의하면, 자기창업은 직장도, 사업도 아닌 세상에 하나뿐인 나의 경험과 지식으로 성공하기 위한 시작이다.

국내 구직사이트 기관의 조사에 따르면 직장인의 63%가 비전공 분야에서 일한다고 한다. '전공을 따르지 않았어도 행복하게 일하면 그만 아닐까?' 싶었지만, 아쉽게도 전공 분야를 선택한 직장인의 업무 만족도가 41.4%이지만, 전공 분야를 따르지 않은 직장인의 업무 만족도는 16.9%에 불과했다. 이 통계가 나에게 주는 메시지는 전공을 살려야 업무에 만족한다는 단순한 의미가 아니었다. 지금 바로잡지 않으면 전공에 나를 맞추고 직장에 나를 맞추는 일이 반복될 것이다.

〈직장을 선택하다〉에 본다면, 나로 성공하는 자기창업가는 절대 나를 직장에 맞추지 않는다. 옷을 살 때 가격이 아닌 신체 사이즈에 잘 맞고 나를 빛나게 만들어줄 옷을 찾는 것처럼 직장을 찾아 선택한다. 인생을 살아가는데 무엇이 가장 중요하고 가치 있는 것인지 잘 알기 때문이다.

〈무엇을 하던 자기창업가가 되어라〉에서 본다면, 창업은 내가 가진 모든 역량을 쏟아 부어야 한다. 내가 가진 능력을 모두 발휘하더라도 성공하기 어려운 것이 바로 창업이다. 제아무리 대박 아이템이라도 내가 그 분야의 경험과 지식이 없다면 그건 내가 성공시킬 수 있는 아이템이 아니다. 제발 내가 가진 가장 성공할만한 아이템으로 창업하라. 남들이 절대 따라 할 수 없고, 나의 역량을 가장 잘 발휘할 수 있는 최고의 창업 아이템인 경험과 지식으로 자기 창업하라.

〈자기 창업가는 1인 기업으로 나를 창업한다〉에서 본다면, 필요할 때 시작하면 늦는다. 이미 당신은 1인 기업을 위한 모든 경험과 지식을 갖고 있다. 만약 그렇지 않다고 하더라도 1인 기업을 시작하기로 한 순간부터 당신의 태도는 자기 창업가가 되어 경험과 지식을 쌓아 결국 1인 기업을 이뤄낼 것이다. 1인 기업이라는 나만의 배를 만든다면 세상에서 그 어떤 폭풍을 마주하게 되더라도 절대 두렵지 않게 된다. 무엇을 하든, 결과가 어떠하든 모두 나의 경험과 지식이라는 자산이 되지 않을까 싶다.

〈1인 기업의 투자, 독서〉에서 본다면, 1인 기업의 최고의 투자는 독서를 통해 다른 사람들의 경험과 지식까지 내 것으로 만드는 것이다. 1인 기업은 이처럼 자신의 시간을 독서에 투자해야 한다. 세상에 독서만큼 성공하는 투자는 존재하지 않는다. 어떤 투자가 이와 같은 성과를 낸단 말인가? 경험과 지식으로 수익을 창출하는 1인 기업에게 독서는 가장 확실한 투자이다.

〈자기창업가정신으로 평생 성공하다〉에서 본다면, 사업으로 성공하는 창업가의 창업가정신처럼, 경험과 지식으로 성공하는 자기창업가에게도 성공하기 위한 자기창업가정신이 존재한다. 경험과 지식으로 성공하기로 선택하고, 혁신적인 사고와 태도로 성공을 발견하며, 실행을 통해 세상을 변화시킨다. 또한 불확실한 환경에서 위험을 감독하여 성공을 지속하는 것이 '자기창업가정신'이라 정의할 수 있다.

〈혁신성으로 성공을 발견하다〉에서 본다면, 이처럼 인간의 성장과 경제발전의 핵심은 모두 묵은 것은 완전히 고쳐 새롭게 바꾸는 혁신에서 비롯된다. 창업가는 혁신가라고 이야기할 만큼 혁신은 창업가의 가장 중요한 요소가 된다. 나는 성공하는 자기창업가가 성공하기 위해선 성공할만한 '나'로 새롭게 태어나야 한다. 자기창업으로 성공하기 위해 경험과 지식을 목표로 일하고, 일한 경험과 지식을 나누는 시작, 그것이 성공을 발견하는 자기창업가의 자기혁신이다.

과거에는 '나'로 성공하려면 타고난 재능, 즉 탤런트가 필요했다. 하지만 지금과 같은 콘텐츠 시대에선 이야기가 달라진다. 타고난 재능이 없더라도 나만의 경험과 지식, 콘텐츠로 성공할 수 있는 기회와 이를 위한 플랫폼들이 넘쳐나고 있다. 더이상은 타고난 재능이 없어서, 물려받은 재산이 없어서 성공하지 못했다는 핑계는 댈 수 없게 된 것이다.

'나'라는 존재는 세상에 하나뿐 이기에 마치 성공한 연예인, 운동선수, 예술가와 같이 엄청난 부와 명예가 따라오는 성공이 될 수 있다고 본다. 성공하고 싶은가? 나의 경험과 지식으로 수익을 창출하는 자기창업이 없이는 평생 성공할 수 없을 것이다. 직장도, 사업도, 자산도 더 이상 나를 책임져 주지 못한다. 빠르게 변하는 뷰카시대에서 평생 믿을 수 있고 나를 지킬 수 있는 무기는 오직 '나'뿐이다. '나'라는 상품의 가치를 그저 한 회사의 소유물로 둘 것인지, 세상을 무대로 가치를 창출

할 것인지 그 선택은 모두 나에게 달려있다. 오직 나만이 나를 창업할 수 있는 것이다. 나를 창업하는데 있어서 고려해야 될 요소가 있다. 바로 자기 자신이 잘하는 일, 자신이 좋아하는 일을 찾아서 창업하는 것이다. 이를 위해서는 자기 자신을 제대로 알아야 될 것이다. 그래서 자주 언급하는 것이 바로 자신에 대한 스왑(SWOT)분석을 해야 된다. 앞에서 언급한 내용이지만, SWOT 모형은 기업 내부(조직, 팀, 개인의 역량)의 강점과 약점 그리고 외부 환경요인인 기회, 위협 요인을 분석·평가하고 이들을 연관시켜 전략을 개발하는 툴(TOOL)이다. 이것을 개인에게 적용하면 된다. 자신의 강점과 약점, 그리고 자신에게 다가오는 외부 환경요인 중 기회와 위협 요인을 잘 분석하고 평가해 자기 자신을 제대로 분석하는 일이다. 이를 바탕으로 자신이 좋아하거나 잘할 수 있는 분야를 정해 자기창업을 실시하면 성공 확률을 높일 수 있을 것이다. 창업한다는 것은 항상 위험이 뒤 따르게 된다. 자신의 평생직장을 마련하는데 극복해야 한다.

역사에서, 방향성 없이 열심히 노를 젓는 CEO의 함대는 침몰 한다

역사를 통해서 지혜와 올바른 인성을 배우게 된다. 한국역사 중에서 가장 존중하는 인물은 성웅 이순신 장군이시다. 이순신 장군은 우리나라가 겪은 과거역사와도 비슷한 대표적인 인물이다. 5,000년 동안 외래침약을 받아가면서 꿋꿋이 생존해 나가는 나라가 우리나라이다. 5,000년 역사에서 약1,000년간 침략을 당한 나라이다. 이는 5년에 1년씩 전쟁을 치른 셈이다. 잘사는 선진 국가들은 외래침략을 한 국가들이다. 영국, 미국, 독일, 프랑스, 네덜란드, 일본, 중국 등이다. 대한민국만이 외래 침략을 당한 유일한 선진 국가이다. 침략 국가들은 침략해서 쉽게 국가를 운영해 온 것이라 경제가 어려울 때는 회복이 힘들지만, 우리나라는 아니다. 침략을 1,000년 동안이나 당해도 꿋꿋이 생존해온 저력과 어려운 처지에 면역이 생기게 되어 쉽게 국가가 망하지 않는다. 우리나라는 저력이 세계에서 가장 뛰어난 것이다. 그래서 대표적인 성웅 이순신 장군에 대하여 좀 더 구체적으로 알아보자

선조실록(1597.7.22. (辛亥)) – 선전관 김식(金軾)의 보고 :

박기봉 편역 [충무공 이순신 전서]-에서 발췌한 내용을 보면, 신은 통제사 원균과 순천부사 우치적(禹致績)과 함께 몸을 빼어 뭍으로 올라왔는데, 원균은 늙어서 걸음도 제대로 걷지 못하여 맨몸으로 칼을 집고 소나무 밑에 무릎을 세우고 오똑 앉아 있었다. 신이 달려가다가 돌아다보니 왜놈들 6~7명이 칼을 휘두르면서 원균이 있는 곳으로 다가갔는데, 원균의 생사에 대해서는 자세히 알 수 없었다. 통제사 원균의 마지막 모습이다. 해상과 육지에서 동시에 공격을 받고 전멸 당했다. 지휘관의 무능력과 고집, 그리고 임금과 조정의 부당한 개입은 이렇듯 조선수군의 궤멸이라는 최악의 결과를 가져왔다. 스스로 거제도와 칠천도 사이의 좁은 칠천량 해협에 갇힌 조선수군은 전쟁의 기본인 경계마저도 소홀히 함으로서 제해권을 상실하고 만다. 제대로 싸워보지도 못하고 이 얼마나 어처구니없고도 허망한 패배입니까? 가슴을 치고 통곡할 일이다.

 원균은 나라를 위하여 열심히 싸우신 용장임에는 틀림이 없으나, 세계 최강의 조선수군을 궤멸로 이끌고 간 패장인 것도 사실이다. "앞으로 나아갈 방향도 전략도 없이 무조건 열심히만 하는 것은 리더가 할 일이 아니다. 비전문가가 개입하면 일을 그르친다."는 메시지를 전하고 있다. 우리가 원균 같이 되지 않겠다고 하는 이유는 간단하다. 국방을 책임지고 있는 최전선의 사령관으로서 인생의 마지막을 어떻게 장식하는 것인지 리더의 삶에 대한 교훈을 보여주고 있기 때문이다. 개인이나 회사의 경영도 마찬가지이다. 비즈니스도 현실과 미래지향적인 면을 볼 때, 어느 것을 선정하고 어떻게 전략적으로 운영하느냐가 중요한 관건이다. 실패의 원인은 부족한 나로부터 발생됨을 여실히 보여준 칠천량 해전에서 교훈을 삼아야 한다. 우리가 제대로 반성하고 보다 안목이 넓은 경륜으로 시야를 내다보아야 한다. 칠천량 해전과 같이, 어리석은 역사의 비극이 다시는 일어나지 않게 해야 한다. 역사에서 배우는 통찰력, 다가오는 미래에 대한 준비, 이것이 우리가 해야 할 책무인 것이다. 시니어들은 덕망과 지혜 갖고, 젊은 사람들은 수용과 현장 경험으로 상호 협업화하면, 대한민국은 보다 더 살기 좋은 나라로 가꾸어 나아갈 수 있다고 본다.

1597년8월3일(辛酉). 이순신의 난중일기에서 발췌한 내용을 보면, 이른 아침에 선전관 양호(梁護)가 교서(敎書)와 유서(諭書)를 가지고 들어왔다. 그것은 곧 삼도수군통제사로서 임명한다는 것이었다. 교서와 유서에 숙배를 올린 후 서장(書狀)을 받았다는 회답 장계를 써서 봉해 올리고, 그날로 출발하여 곧장 두치(豆峙)를 경유하는 길로 올랐다.

원균의 단 한 번의 싸움, 칠천량 해전으로 궤멸되어 버린 조선수군의 정유년 7월16일자 패전 급보가 조정에 알려지자 선조는 "나의 모책(謀策)이 좋지 못하였기 때문에 오늘의 이런 패전의 욕됨을 만나게 된 것이니, 이순신에게 더 이상 무슨 말을 하겠는가, 더 이상 무슨 말을 하겠는가"하며 교지에 두 번씩이나 미안한 마음을 써넣었다. 삼도수군통제사로 재임명 하는, 보기에도 너무 민망한 선조의 모습은 역사의 웃음거리가 되고 말았다. 그러나 2달 후, 천행 중 다행으로 조선의 국운이 쇠하지 않았고 걸출(傑出)[23]한 우리의 희망, 성웅 이순신은 명량대첩으로 나라의 충(忠)에 보답하며 선조 임금의 체면을 세워 주었다. 참으로 임진왜란의 국난 극복기는 우리에게 백성의 피로 쓴 역사의 교훈을 남겨 주었다. 현장을 모르는 리더의 전형적인 리더십은 비록 선조에게만 국한된 것은 아니라고 본다. 21세기인 지금도 현장을 잘 모르고 명령과 지시만 내리는 지도자들이 많다는 것을 볼 때 리더의 덕목이 무엇인지는 확연하게 나타난다. CEO가 측근에 있는 사람들에게만 둘러싸여 있다면 올바른 의사결정을 할 수 없을뿐더러 혹여 잘못된 판단이라도 하게 되면 회사는 존폐의 기로에 서게 될 수도 있기 때문이다. 개인도 마찬가지이다. 뒤늦게 반성하며 새로운 인재를 영입하거나 전략을 변경 하더라도 이미 때늦은 미봉책에 불과할 뿐이다.

창업 또는 기존 기업운영 CEO는, 미래의 올바른 방향성을 정하고, 현재의 현명한 판단을 도모하기 위해서는 끊임없는 신뢰로 부하들을 사랑하고 존중하는 자세와 현장에서 함께 하는 솔선수범의 도덕적인 리더, 늘 자신을 성찰하여 사심(私心)을 버리는 건전한 헌신과 희생을 바칠 수 있는 그러한 리더자가

---

23 걸출(傑出) : 남보다 훨씬 뛰어난 사람

되어야 한다. 소속된 직원들은 그러한 리드자를 존경하고 뒤따를 것이다.

그동안 나의 회사 경험으로는 원균과 같은 행위와 때로는 이순신 같은 현명한 행위를 한 적이 있었다. 지나고 보니 지난 과거를 회상해보니 그런 일들이 있었구나 싶다. 더군다나 회사소속이 되어 CEO지휘 아래 근무하는데 있어서, 주인정신이 결려되어진 상태이기 때문에 CEO 보다 상위해서 경영철학을 수반할 수 없는 것이 일반적인 현실이다. 아무리 회사경력이 많아도 창업한 CEO와 같은 주인정신에 임한 경영철학을 가질 수는 없는 것이다. 그리고 아무나 창업 CEO가 될 수 없는 것이다. 창업 CEO가 되려면 피나는 노력이 있어야만 성공할 수 있는 것이다. 모든 일은 쉬운 것이 없다. 어려운 고비를 넘기고, 끊임없이 지속적인 개선과 뼈를 깎는 고통을 이겨내야만 진정한 CEO가 되는 것이다. 선조는 왕이지만 우물 안의 개구리이었고, 성웅 이순신 장군은 진정으로 국민과 나라를 걱정한 국가 주인이다.

참고 문헌

김선태, 인생은 아침 태양처럼, 한국장로교출판사, 2014

김기현, 미운 오리 무지개 하늘을 날다, 요단출파사, 2012

류광현, 청춘 판에 박힌 틀을 깨다, 서울문화사, 2013

마루야마 겐지, 취미 있는 인생, 바다출판사, 2018

매일경제신문, 10장짜리 학교숙제, 10초면 다 쓴다니...인간의 지성, 위협 받는다[사이언스라운지], 이새봄 기자 cestbon@mk.co.kr 입력: 2023.02.04.(수정: 2023.02.06.)

사라 밴 브레스낙, 혼자 사는 즐거움, 토네이도, 번역 신승미, 2011

윤 닥, 오늘도 시작하지 못하는 당신을 위해, 한빛비즈, 2022

윤홍균, 자존감 수업, 심플라이프, 2016

이부용, 지산나박실, 도서출판 경남, 2017

이영권, 신뢰, 렌덤하우스코리아, 2006

이영권, 오래 멋지게 행복하게, 살림, 2011

이현훈, 예정된 미래, 파지트, 2022

이재운, 해동화식전, 휴머니스트, 2019

정 민, 미쳐야 미친자, 푸른역사, 2004

정세현, 상생IT혁신 기반으로 한 성공적 eSCM 구축운영, 한올출판사, 2010.

정세현, 웹 정보시스템 총론, 북스힐(주), 2002.

정세현, 융합 유통정보화 전략을 위한 Global e-SCM의 이해, 청목출판사, 2016.

정운현, 한 번뿐인 네 인생, 네 뜻대로 살아라!, 도서출판 새빛, 2022

조빛나, 자기개발 말고, 자기창업, 도서출판 새빛, 2023

최태원, 라이프스타일 비즈니스가 온다, 한스미디어, 2021

한정주, 율곡 인문학, 다산초당, 2017

http://worldvisionmail.com/v_190818.htm

lifelog.blog (2019.8.33. 0:30)

은퇴 후 인생, 지금 바로 준비하라

아내가 사랑하는 달빛이 의지와 도전의 성취를 비추다

발행일 2023년 5월 31일

지은이 | 정세현
펴낸이 | 마형민
기 획 | 윤재연
편 집 | 임수안
펴낸곳 | (주)페스트북
주 소 | 경기도 안양시 안양판교로 20
홈페이지 | festbook.co.kr